星が教える「金運の扉を全開にする」方法！

お金の占星術

西洋占星術研究家
登石麻恭子

BAB JAPAN

はじめに　「新しい時代のお金のガイドブック」

お金について、考えたことのない人はいないでしょう。

私たちは、仕事などをして得たお金を、ものやサービスと交換して生活しています。お金は私たちの日常に、密接につながっています。お金が潤沢にあればうれしいですし、豊かな生活も送ることができます。身のまわりの多くの問題を、簡単に解決できるような気もします。

ただ、お金がすべてであるというわけでもないようです。お金があっても自分にとって満足できるような状況ではなかったり、場合によってはお金がありすぎるために問題が発生したりすることもあるでしょう。お金のありなしと幸せや満足できる生き方について、私たちはじっくりと考えてみる必要があるのかもしれません。

現在、コロナウイルスによるパンデミックや世界で起きている紛争など、時代が大きく動いています。そして、お金をとりまく状況もまた激動期に入っています。

はじめに

新しい時代のお金のガイドブック

日本だけでなく、世界中で起きている変化に伴い、お金に対する考え方も大きく変わりつつあります。30年間続いてきたデフレから、原料費上昇による物価高などでインフレに転じ、お金にまつわる社会的動向も転換期を迎えているのです。

身近なところでも、お金の使い方が変わってきています。YouTubeライブで好きな人物に投げ銭をしたり、noteをはじめとする有料記事サイトで、興味のある記事にお金を払って読んだりする方もいることでしょう。クラウドファンディングを行なっている企画に興味を持ち、それに参加して、一緒に企画を盛り上げたことのある方もいるかもしれません。

これまで、会社や店舗と個人の間で、ものやサービスのやり取りに使われていたお金が、個人対個人で動くという場面を多くみるようになりました。これもまた、お金の動きが大きく変化している事象といえます。

そうした社会情勢の中では、改めてお金とどう向き合っていくかが重要になってくるはずです。そしてそのヒントは、あなたのホロスコープに隠れています。本書では、その向き合い方を知って人生をよりよく歩むために、金運に特化してホロスコープの読み方をお伝えしていきます。

この本では、お金を単なる物質としてではなく、エネルギーとして捉えています。その理由は、お金はさまざまなものに交換できるだけでなく、信用、力などを示すものでもあるからです。このことについては、本文でより詳しくお伝えします。

占星術の世界では、物質に重きを置く土の時代から、情報や知識などを重要視する風の時代に入ったことをご存知の方は多いでしょう。それに伴って「お金持ち＝豊か」という図式が崩れ、私たち個人の豊かさについては、お金をどれだけ持っているかでは測れなくなっていくでしょう。より豊かに生きていくために、お金が持つエネルギーを自分のところにとどめておくのではなく、どのように巡らせていけばより豊かになれるのかを提案していきます。

「豊かである」かどうかを決めるのは、あくまでも独自の価値観によります。そして、人生を謳歌するための原動力の一つとして、お金というエネルギーをどう活性化していくかがとても重要なのです。そのために西洋占星術のホロスコープを用いて、そのエネルギーがどこから来るのか、どのような流れなのか、流れが滞っていれば、ブロックになっているものは何か……などをみていくと、あなたにふさわしいお金（エネルギー）の流れを把握できるようになるでしょう。

はじめに

新しい時代のお金のガイドブック

ホロスコープは人それぞれ違っていて、オンリーワンのもの。つまり、あなたが豊かであると感じる「お金の流れ＝金運」も、人それぞれ、オンリーワンのものです。自分独自のお金というエネルギーの巡り方をホロスコープから把握することで、自分らしく豊かに生きたり、自分の幸せの形をこの人生で実現したりすることも可能となります。

本書は、お金というエネルギーを扱うための、あなただけのガイドブックです。この変化の時代を乗りきるために、独自のお金（エネルギー）の巡り方を把握し、自分だけの豊かさや幸せを追求していきましょう。

お金の占星術＊目次

はじめに「新しい時代のお金のガイドブック」…… 2

第1章　風の時代の金運活用ルール

お金の価値ができるまで…… 12
お金はエネルギー…… 14
風の時代、お金の価値感が変わる…… 18
人が動くとお金も動く…… 24
自分を満たすものとしてのお金との関わり…… 26
お金の使い方であなたがわかる…… 31

第2章 ホロスコープから自分の「お金スタイル」を知る

ホロスコープからお金の流れを知る……40
自分のホロスコープを描く……42
ホロスコープの構成要素……45
性質や運命の傾向をみる天体……47
月……49
水星……51
金星……53
太陽……55
火星……57
木星……59
土星……61
天王星……63
海王星……65
冥王星……67
12星座……69

エレメント……71
モダリティ……73
それぞれのサインの傾向……75
ハウスとカスプ……85
各ハウスのテーマ……88
アスペクトについて……90
月の12サイン別傾向……91
金星の12サイン別傾向……98
太陽の12サイン別傾向……105
土星の12サイン別傾向……111

第3章 「自分とお金」「人間関係とお金」

ホロスコープから「お金との縁」を知る……120
2ハウスカスプの星座からわかるライフマネー傾向……124
2ハウスにある天体で知るライフマネーへの意識と行動……130

人間関係にまつわるお金の状況を知る……136
8ハウスカスプの星座からわかるお金にまつわる対人傾向……141
8ハウスにある天体で知るお金と人づき合い……150

第4章　お金の流れをせき止める原因

お金が入らない原因は土星でわかる……158
原因と向き合い、金運を呼び込む……161

第5章　金運を上げるお金の使い方

人生を開くお金の使い方とは？……174
使うほど金運が上がる……176
支配星がいるハウスでお金の使い方を知る……180

第6章　私スタイルの金運ホロスコープ

私スタイルのお金の流れを考える……188
2・8ハウスに天体が入っている人、入っていない人……190
私らしく楽しくお金を得る方法……192
お金を引き寄せるハウスの活動……196
まとめと記入例……202
あなたの金運を読み解く……214

おわりに「自分らしい幸せの形とお金の流れ」……216

第1章

風の時代の金運活用ルール

お金の価値ができるまで

古い時代へさかのぼると、もともと私たちは、生活に必要なものを物々交換しながら得ていました。しかし、実際に物と物を交換する際、めんどうなことが起こる場合もあるでしょう。

たとえば、お互いに大きな物を交換するとき、まずそれを交換する場所に持っていかなければなりません。運ぶだけでもひと苦労です。また口約束では嘘をつかれてしまうこともあるでしょう。

こうした状況に対し、共通の価値があるものとして「お金（紙幣・貨幣）」が発明されました。古い時代だと、石や貝が「貨幣」として使われていたこともあるようです。貨幣を使うことによって、物々交換よりも次の点で、ずっと楽になりました。

①交換の手段（物をその場に運ぶ必要がない）

②価値の尺度（物の価値を「金額」という共通認識で明示でき、比較しやすい）
③価値の貯蔵（時間とともに腐敗したり、劣化したりすることがない）

ただ、先に書いたとおり、多くの人たちの間で共通の価値認識がない限り、お金は成り立ちません。それは「信用」と結びついています。

ある時代では、金を用いた貨幣が使われました。希少でかつ価値のある金は、錆びたり、変性したりしにくいため、「お金」として使用されていたのです。しかし、金貨もある程度の量になるとかなりの重さになりますから、額の大きな取引では運ぶこと自体ひと苦労です。

そこで、金を銀行に預け、それと同じ価値を持っている紙幣を使う「金本位制度」が生み出されました。ただ、それについても時代とともに経済規模が大きくなるにつれて金が準備できなくなり、各国が自分の国の経済状況に見合った量の貨幣を発行するようになりました。

それが現在行われている「管理通貨制度」です。管理通貨制度では、その国の政治や経済状況によって貨幣の価値が決まります。つまり、その国に対する「信用度」や「国力の状態」によって、その国の貨幣価値が高くなったり安くなったりするのです。

お金はエネルギー

こうしてみていくと、お金というものは絶対的な、物質としての価値を持つものというよりも、信頼や信用をベースとした価値を持っているといえます。実態はないけれど、価値や力があるものとして捉えることができます。

物々交換から発展してきたお金は、今や一国の信用度、実力を示すものになっています。個人レベルでも、持っているお金の量でできることが違ってきます。

だから私たちは、お財布や預金通帳にそれなりの金額が入っていれば安心できたり、余裕を感じることができたりします。逆であれば、不安や心細さを感じることになります。

お金は、世の中にある多くのものやサービスと取り替えられますが、お金そのものが使用できたり、食べられたりするものではありません。実態はないけれど、こうして心を動かす何かがあります。お金が持っている力。それは言い換えれば、「エネルギー」とも表現できそうです。

お金を持っていると、さまざまなものを手に入れられます。お金はものや活動、サービスに変わる可能性があるものですが、その一方で、ものや活動、サービスそのものではないという点も「エネルギー的」といえるでしょう。ただお金はそのまま溜めておいても、何も生み出しません。

たとえば、食物と人の身体でイメージしてみましょう。目の前にたくさんの食べ物がある状態でも、実際に食べることがなければ、自分の体の栄養や活動のエネルギーになることはありません。

口に入れて咀嚼して、胃や腸で分解することで、腸から吸収できる成分に変わっていきます。腸で吸収した成分が、肝臓などで各細胞にとって「エネルギーの源」になるのです。

お金もまた、自分が活用するための何かに変換すること、たとえば特定の活動に利用する意思があって、初めてエネルギーとして意味あるものになるのです。もう少し視野を広げていくと、人の身体は食べるだけではなく、排出するという行為も必要です。排出されたものは外環境にアウトプットされ、食物連鎖を経て自分のもとに還ってきます。

同様に自分が発信した思考や活動をアウトプットすると、自分の身のまわりの人に対して影響を与え、その影響は人間関係の循環を経て、自分に還ってくるでしょう。

お金の場合をみてみましょう。

お金を得る

↓

意識的に活用する（使う）

↓

環境や他者に影響を与える

↓

自分に還ってくる

こうした循環のサイクルが存在しています。自分だけをみていけば、単に自分を通り抜けていくもの、消費されるだけのもののように見えます。

しかし、自分が環境やまわりの人に何かの影響を与えると、その影響が自分に再び戻ってくる、何か食物連鎖のようなつながりがあるのです。そのなかで、私たちと環境の間でお金がエネルギーとして循環していると考えることができるでしょう。

そうであれば、「お金が欲しい！」というときに、たくさんのお金を持っているという静的なイメージよりも、自分と世界の間で行き来しているお金の流れを大きくするという動的なイメージを持つほうが、お金が入ってくる状況を引き寄せることができそうです。環境との循環があるのであれば、自分の置かれた場や役割、そしてまわりの人たちに対して感謝の気持ちや愛情を持つことも、流れを太くすることにつながるでしょう。

なぜなら、感謝や愛情といった心の動きも、実態がないにもかかわらず、人を動かす力を持っているからです。であるなら、お金も、感謝や愛情も、エネルギーという視点で似たような何かを持っているといえそうです。

お金をエネルギー（実態はないけれど、力がある流動的なもの）として捉え、さらにそれを流れとしてみていくことで、西洋占星術における「お金の話」を進める準備が整いました。ホロスコープからお金の状況を読み取ることは第2章で詳細にお話ししていきます。

実際お金をエネルギーと捉えることで、時代や場所の違いにおける価値の差としても把握しやすくなります。特に今は西洋占星術で「土の時代から風の時代への転換期」といわれていて、物事の価値基準が大きく変わっていく時期なのです。このような激動の時期に、自分にとってのお金の価値を再確認することで、よりよい形でお金を循環させて、その流れにのっていくことができるでしょう。

風の時代、お金の価値感が変わる

現在は、占星術上では「風の時代」といわれる時期に入ったばかりだといわれています。

占星術における風とは、古代ギリシャの時代に考えられた、すべてのものがつくられている大元となる４つの元素の分類、火・土・風・水のうちの一つです。

西洋占星術では、星座の性質の分類に使われています。火は個人の意欲や情熱、土は実際のものや事柄、風は人の交流や情報のやりとりと関連し、水は感情や情緒、人を思いやる気持ちなどと関連します。

それぞれの元素グループに属する星座は、次のようになります。

・火　牡羊座、獅子座、射手座
・土　牡牛座・乙女座・山羊座
・風　双子座、天秤座、水瓶座
・水　蟹座、蠍座、魚座

グレートコンジャンクション20年周期
グレートミューテーション200年周期の図

1200年～1400年	**風の時代** （13世紀・14世紀） ルネサンス
1400年～1600年	**水の時代** （15世紀・16世紀） ルネサンス　宗教改革　大航海時代
1603年　射手座 1623年　獅子座 1643年　魚座 1663年　射手座 1683年　獅子座 1702年　牡羊座 1723年　射手座 1742年　獅子座 1762年　牡羊座 1782年　射手座	**火の時代** （17世紀・18世紀） 絶対王政　科学革命　戦争と反乱
1802年　乙女座 1821年　牡羊座 1842年　山羊座 1861年　乙女座 1881年　牡牛座 1901年　山羊座 1921年　乙女座 1940年　牡牛座 1961年　山羊座 1981年　天秤座 2000年　牡牛座	**土の時代** （19世紀・20世紀） 産業革命が本格化　技術革新と産業時代
2020年　水瓶座 2040年　天秤座 2060年　双子座 2080年　水瓶座 2100年　天秤座 2119年　双子座 ……	**風の時代** （21世紀・22世紀） 情報社会　個人間の活動　情報戦など？

2020年に風のグループの星座である水瓶座で、今後20年間の社会動向を示すグレートコンジャンクション（土星と木星が重なる）が起こりました。さらに2023年ごろから破壊と再生、そして社会変化を促す冥王星が、土のグループである山羊座から水瓶座に入っています。

このグレートコンジャンクションは同一の元素グループの星座で起こります（水瓶座→天秤座→双子座→水瓶座→天秤座→……）。それがだいたい200年ほど続くので、200年スパンでの時代傾向としてみていくことができます。これもちょうど土のグループから風のグループへと変化したばかりで、**今後200年は風の時代**であるとされています。この元素グループの変化を「グレートミューテーション」といいます。

時代の大枠が200年ごとに変わっていくという「グレートミューテーション」はエレメントが持つテーマの変化が時代の変化として現れ、そしてその始まりでは大きな社会動向の改革がなされることも多いかもしれません。

歴史上の出来事で考えると、**「維新」**をイメージしていただくとよいかもしれません。たとえば、2020年12月、水瓶座に木星・土星が入りました。以降を風の時代とされますが、その前の**土の時代が、1820年頃～2020年頃で、これは経済中心の時代**であり、技術革新が時代を支えたともいえます。ちなみに産業革命は1760年代から1830年代までに及ぶ非常に長くゆるやかな変化で、それを土台に社会構造や人々の生活が激変していきました。

1603年頃~1820年頃は火の時代です。絶対王政などがあり、**特定の権力者を中心に世の中が動いていました。**さらに**1425年頃~1603年頃は水の時代**で、ルネサンス（文芸復興・文化・美術・思想）など文化面の再生が行われ、**心的な豊かさや精神性に目を向ける時代**だったかと思います。

200年という大きな期間のスパンとして、風の要素が強く打ち出されます。さらに今後20年は、冥王星やグレートコンジャンクションの影響により、風のグループの要素が強くなるということがわかるでしょう。

それまでは土の時代、つまり物質やお金、土地など目に見えるものに価値を置いていた時代が続いていました。そこから風という元素が関わり、**人と人との交流や情報、知性といったものが重視されます。**私たちを取り巻く世界で、重用される価値観が変わってくることになるでしょう。

特にこの大きな時代の流れとしての200年の入り口は、水瓶座でのグレートコンジャンクション、冥王星の水瓶座入りという、水瓶座要素が強くなる形で導かれていくことになります。

一つ前の山羊座は、私たちの生きる社会そのものを表しています。対して水瓶座は、**山羊座が関わる社会範囲の外側から情報を得て、もっと広い視野や見識を持って、狭い範囲での社会（山羊座的なあり方）を覆していく**、新しい風を吹き込んでいくということにも関連しています。

山羊座が貧富の差を生み出す縦型社会を表すのに対して、水瓶座は人と人との横のつながりを重視する横型社会を示します。縦型社会から横型社会へのベクトルの変化は、社会における価値感のあり方が大きく変わることにもつながるでしょう。

たとえば、私たちはすでに情報化社会に生きています。その中で国内の情報だけにとどまらず、世界の情報に接しながら日々暮らしています。

縦型社会の場合、ピラミッド構造の上から降りてくる情報のみをもとに生きていくことを求められますが、横型社会の場合、その外側の情報を自身で得ることができます。国内や地域内の情報だけでなく、ネットを通じて別の国や地域がどんな活動をしているのかということを知ることができるのです。

これは、そこだけに縛られないという大きな意味があります。そして、多大な意識変化を促します。今後、情報はさらに重視されていくはずです。ネットにおけるセキュリティーが強化されながら、さまざまな分野でデジタル化が進んでいくでしょう。

風の要素は情報面だけではなく、人との関係性や社交性にも関連します。その流れから、どんな人と関わり、どのような情報を持っているかが、以前以上に強く価値づけされていくことになりそうです。

人が動くとお金も動く

占星術的に人の交流にまつわる風の時代が到来しているということは、経済活動も人と人のつながりの中で生まれる時代がやってくると考えられます。**お金の動きは人の間で生まれる**ということです。

たとえば現在でも、ネットでさまざまな情報を発信しているインフルエンサーは、フォロワー数で価値づけされています。フォローしている人数が多ければ多いほど、人に影響を与える要素が高いと考えられています（「インフルエンス」はもともと、星の影響とも関連する言葉）。

しかも、インフルエンサーたちが持っているフォロワー数は、企業や政府などの大きな力が働いているものではなく、個人の努力が大きいのです。インフルエンサー本人が、フォロワーが何に興味を持ち、どのように考え、何を求めているのかを読み取り、自分なりに表現している人が多くいます。

企業や政府が「価値あるもの」と決めるのではなく、個人がどう感じるかという要素が強く出ていると考えられるでしょう。縦型社会の大きな枠組みで決められたものではなく、個人の嗜好や方向性によって打ち出され、人気という形で力を持っているといえるのです。

自分が面白いと思ったことを発信し、それに価値を感じて世間の人々が広めていくという「個人の力」は、近年徐々に大きくなっています。小中学生も、テレビはみないけれどYoutubeはみるという子が増えています。今は、個人が発信したものを個人が価値あるものとし、それがお金につながっていく時代といえるのかもしれません。

水瓶座というサイン自体、テーマとしては同じ思考や夢を持つ人の共同体や協働ということに関連しています。何かが大きな反響を呼ぶ必要はなく、わかっている人のところにきちんと届くことが重要で、それにより経済が回っていくことが鍵になるのです。

さまざまな情報が飛び交う中、フェイクニュースなども多く、恐ろしい陰謀論などに心奪われている人も多くいます。偽の情報に惑わされず、自分にとって価値のある情報やテーマを捕まえるためには、それを選び取る知性も必要です。知性は風のテーマとも結びついています。

自分を満たすものとしてのお金との関わり

私たちが最も優先しなければならないお金の使い道は、生きるため、生命を維持するためのものです。そのために、作物を育てたり、畜産をしたりするなど、さまざまな生産活動をします。

ただそうした活動が難しい人は、必要な仕事を人に頼んで、その分の時間や、労力を買うこともできます。私たちが生きる社会は分業で成り立っていますから、それぞれの役割を担いながら経済を回しています。

ここでは、自分が生きるうえでのお金について、占星術的な視点を加えて、もう少しみていきましょう。

西洋占星術では、**身体を含めた安心や安全の部分は、月という天体が関わっています。**

占星術では、多くの場合、月に「感情や性格」という意味づけをしていますが、感情の動きは情動という身体反応に根づいたものなので、月は身体性が大きく関わっています。

さらに人には身体を安全に維持するという目的があり、そうした安全感覚も月という天体に関わっています。自分の身を死やケガなど危険から遠ざけるということも、月のテーマと結びつけられていて、安全確保できる生活環境や健康を維持できる生活習慣を求めることもその範疇に含まれます。

お金という点でみていくと、まず自分の生存のために必要なお金が挙げられます。これは生きる基盤でもありますから、ここへの消費は避けて通れません。

しかし質の差はあります。月がどの星座にいるかよって、ある程度の質を求めたり、求めなかったりします。このあたりは、のちほど月星座をみていきながら詳しく解説していきましょう。

その一方で、安心安全な場所を確保できない、食べることができない状況が出てくると、人は恐怖を感じます。恐怖は裏を返すと、生への強い欲求の現れです。その揺さぶりはなかなか大きいものになります。そのため、お金がなくなることに対する恐怖感は、いつまでも人につきまといます。

安心安全な状況が、必ず維持できるというわけではない、何か大きな問題があったとき失う可能性がある……ということは、どんなお金持ちであっても（お金を）失う恐怖を抱いているといえるでしょう。ましてや、お金持ちではない一般庶民は、より恐怖を感じているはずです。さらに、この数秒後に私たちが生きている社会は、何が起こるかわからないというのも、生存維持にまつわる恐怖としてあるのです。

この恐怖は、ある意味、お金に対するブロックや恐れにつながるものにもなり得ます。そこからお金に対する流れが滞ることもあるでしょう。これらに関しても、のちの章で改めてお話しいたします。

人間は生活に必要なお金が確保されると、今度は自分の楽しみを得ようと欲が出てくるものです。欲というものは際限なく膨らんでいきますが、それがあるからこそ、人がこれまで発達してきたのだともいえるでしょう。

こうした楽しみを求める要素は、西洋占星術では金星に関連します。そもそも西洋占星術での金星はヴィーナスであり、愛と美の女神です。お金が豊富にあればいろいろなことを楽しめる……ということで、お金にもひもづけられています。

基本的に生きるためのお金の使い方にまつわる月と、物事を楽しむためのお金としての金星がお金と関係します。しかし、月の「生きる手段の確保」が優先になります。ただ、その比率は調整できるものなので、「生きるため」と「楽しみ」のどちらをやや多めに取るかはその人次第です。ただ、健康管理をおざなりにしてまで、楽しみにお金を当てることは本末転倒です。まずは月を優先するということになるでしょう。

さらに西洋占星術における主役というべき天体である太陽も、お金に関しては重要な要素を担っています。太陽はホロスコープの中でも、その人の生きる目的や魂の目的を示します。そして、その**生きる目的を社会で発揮することを望む**傾向があります。

それが経済活動に関連づけられるものであれば、その活動を通してお金を得ることになるでしょう（関連づけられないものの場合は、水星が経済活動を担います）。社会での経済活動の中で力をつけていき、その力がさらによい形で発揮していくので、自信や生きがいという感覚につながっていくでしょう。

土星もお金の状況をみるうえで重要な要素を担っています。それは**お金に関する思い込みやブロック**です。お金に対して特定の思い込みやブロック（心の抵抗感）がある場合、どうしてもお金に関する流れが滞ってしまいがちです。それは、お金はエネルギーに影響されるからです。

土星という天体は、西洋占星術において**「大人としての意識」**や**「社会活動における規**

範意識」を示します。大人として振る舞うからこそ社会で活動することができ、報酬を得ることができるという認識が生まれます。だからこそ人は社会で真面目に働くのです。

ただし、どんな大人像を描いているかは、ホロスコープをみないとわかりません。画一的な大人像というものはないからです。

大人像が強く現れすぎると、像そのものがプレッシャーとなり、自分自身を圧迫し始めます。それはお金を得る活動と結びついているので、お金との関わりに特定の固定観念をもたらすことになってしまうでしょう。このあたりのことについては、第4章でお話しします。

お金に関して、占星術からみえてくることがいくつもあるということがおわかりいただけたでしょうか？　西洋占星術的な観点から、お金というエネルギーとご自身との関わりをみることで、自分がお金について、どのようにみて関わっているかがわかるようになります。そこから、自身に対してどんなお金の運気が回ってきやすいかも明らかになりますので、後述のお話について大いに参考になさってください。

その一方で、お金との関わりについて、自分自身で設定する必要のあるものがあります。それはお金に対する価値基準です。

お金の使い方であなたがわかる

自分がどのような価値基準を持っているかを知ることは、お金と関わるうえで最も重要です。なぜなら、お金を使って何を選び取るかを、価値基準を元に決めているからです。選ぶものによって、その人の日常、さらに日常の積み重ねから、人生が形成されていくことになるのです。

これまでお伝えした占星術に関連した天体（月・金星・太陽・土星）も、その人が持つ価値の大枠を形成するものです。しかし、物事を選び取る、より具体的な判断の基準は、日々の体験によりつくられています。

お金の出入りというと、出ていくことより入ってくることのほうが気になりますね。しかし、先ほども述べたように、お金はエネルギーとしての流れを持つため、出ていくほうにも意識を向けていく必要があります。実際のところ、出方、つまり使い方のほうが、重要な要素を含んでいるかもしれません。

お金を使うとき、「これは私にとっては高いかも」「この金額を払う価値は十分にある」……など、購入するかしないかを、自分の価値基準に照らして決めていることが多いでしょう。そしてその価値基準は、それぞれが育ってきた環境に影響されます。

お金を使うことで、ものや体験を得ます。つまり自分の価値基準に照らし合わせてお金を使うということは、得るものを「選別」しているということです。衣食住にまつわるものだけでなく、健康や知識や体験にまつわるものも含めて、得たものによって、現在の自分の肉体や思考力や経験が形作られています。

多くの場合、無意識に物事を判断しているかもしれません。しかしお金を使うときも、無意識だったり、自分の価値基準がわからなかったりする場合、自分にとって必要でないものや、自分のためにならないものにお金を使ってしまうことが多いのです。

特に、その場の気分でちょっと手に入れてみたい、みんなに見栄を張りたい、素敵に思われたい……など、目の前の欲や虚栄心に振りまわされると、むだなものとなって、あとで後悔しやすいでしょう。自分の得たものというのは、自分自身を形成するだけでなく、健康や知識、知性そのものが、自分の資産、財産になるからです。

株式投資やFXなどの資産運用だけが、資産を生み出すものではありません。勉強して資格を取ることも、自分自身の価値を高めます。それによって収入や地位が上がることもあるでしょう。

健康に気を使って、ジムで体を鍛えると、持久力が高まります。それによって、仕事への耐久力がつき、ストレスを解消して精神面を安定させることにもつながります。

身だしなみを整えることは顧客によい印象を与えて、営業上のプラスになったり、自分の心を整えたりすることに役立ちます。ここには、好きなメイクやファッションで自分の意欲や気力を鼓舞することも含まれます。

まずは**「自分」という資本を活用するために、自分の健康や知性の向上、精神面の状況改善に投資するというのが、お金の使い方としては重要**です。それは投資としても、最も利益率が高いものとなるでしょう。

それを考えると「価値基準がわからない」ということが、最も問題になるかもしれません。自分のそのときの欲求を満たすといった、漠然とした「何かを欲しい」という感覚は、あいまいな自分の心の中に空いた穴を埋めるためのものといえるでしょう。

まわりからチヤホヤされたり、ＳＮＳで多くの人から「いいね」をもらって満足したりするために、必要でないものを購入することは、一時的に心の穴を埋めてくれるかもしれません。しかし、あくまでも一時的です。結果的に、むだにお金を使ってしまうことにもなります。この場合は、人に認められたいという承認欲求が絡んでいます。最も問題なのは、そうした心の穴が開いていることをその人自体が自覚していないことでしょう。

その穴を埋める以前に、その穴がどんな形をしているのかを認識することが必要です。誰かに認められたいのであれば、実力をつけていくことが第一です。

そして、自分の中に人に認められたいという気持ちがあるということに目を向けていくことが大切です。その心の穴を意識化すると、自分自身の中の問題意識も芽生えてくるでしょう。

心の穴はいろいろな原因によって生まれます。心の穴を埋める、つまり心の中にある不足感をどうにかするのは、時間のかかることです。ただ自分の中にあることを認めることで、振り回されることがぐっと減っていくはずです。大切なことは心の穴を放置しないで、その存在を確認し、ひとまず自分でそれがあることを認め、受け入れることです。

さて、価値基準を決める前に、まず自分の持っているものを確認してみましょう。自分の資産として、実は大きな意味を持つのは体力や健康など、身体にまつわる事柄です。体力があれば、たくさんの仕事をこなすことができます。また心身ともに健康な状態を維持できれば、コンスタントに仕事に取り組め、集中力も発揮できるでしょう。

体力がそれほどなくても、自分にとって効率のよい仕事を選ぶことで対応可能です。持病などがあっても、自分の身体のコンディションのよいタイミングなどを見計らって、できる範囲で活動すればよいのです。

ただ、質を維持することも大切です。これに対しては衣食住の充実が大きな要素を占めるでしょう。特別なケアやスポーツを行うことなどもプラスになりますが、まずは日常生活を整えること、つまり衣食住をよい形で継続していくことが鍵になります。

上を見ればきりがありません。できる範囲で自分の衣食住に対して、プラスになる行動を選択しましょう。たとえば体に負担のかかるような食習慣を控えたり、睡眠をしっかりとったりするなど、生活サイクルを整えることもプラスになります。

しかし、厳しくやりすぎてお酒やタバコなどの嗜好品を控えても、ストレスが溜まって逆効果になります。ほどよい範囲で緩く進めるのも大切です。ジムに通って体力向上を図ったり、セラピーやボディケアなどの施術を受けたりすることも悪くありません。

持病がある場合は、それをコントロールするために病院に通ったり、薬をきちんと飲んだりすることも、自分の心身をよりよい状態に保てます。ひいては自分という資産をよい状態に保つことにつながるのです。

占星術では、2ハウスが身体そのものや食などに関連し、お金についてもみていく部分です。お金と身体が結びついているということを意識するだけで、自分の肉体を資本として扱うことの意義を理解していただけると思います。

知性も、その人にとって資産です。勉強をして資格を取ったり、仕事に関連する特定の技能を磨いたり、特定の知識を充実させるために勉強したりして、自分の知性という資産を高めていくことができるでしょう。何より大切なことは、学んだことは自分の武器になるということです。

実際に資格を取ったり、技術を磨いたりして、収入アップにつなげることもできるでしょう。自分の仕事に関連する分野だけでなく、異分野のさまざまなことを学んだり、情報収集するだけでも、人との話題に事欠かなくなり、そこから人とよい交流を持てたり、営業成績の向上につなげたりすることも可能性としてあり得ることです。

占星術ではこうした要素は3ハウス・9ハウスという場所に関連しています。3ハウスはお金や才能・資質にまつわる2ハウスを知識面から補強する要素があり、9ハウスは社

会活動を示す10ハウスの土台となります。この10ハウスが2ハウスとよい配置をとっている場合、社会貢献度の高い仕事につくと、お金の流れをよくすることに結びついていきます。

精神面の充足も、自分をよい状態に保つことにプラスに働きます。趣味を楽しんだり、楽しいと思えることに時間やお金をかけたりすることも悪くありません。精神面の充足も重要な自己投資なので、推し活にエネルギーを注ぐのもよいでしょう。ただ、過剰に入れ込んだり、コントロールできないほどお金を注ぎ込んでしまったりする場合は、心にあいた「穴」が関連している可能性があります。

占星術で**楽しみについては5ハウスという場所が関連**していて、先ほどお伝えしたお金にまつわる**2ハウスとは拮抗する配置**をとっています。意欲を充実させるためには必要な場所ですが、そこにハマりすぎると浪費してしまうことになりやすいかもしれません。

加えて身だしなみを整えることも、仕事をするうえでプラスになります。特に人前に立つような仕事に就いている場合は、どのように見られたいかを意識しながら、身だしなみを考えていくことが大切でしょう。

人前に立つことがなくても、人との交流がある限り、ある程度清潔でいることは必要です。社会における外見的な部分は占星術では10ハウスをみます。10ハウスは、社会という場を示す要素とつながっています。さらに前述のように、2ハウスとよい配置をとっていれば、社会的な活動における身だしなみもお金に結びつくと考えることができます。

人の欲は際限がなく、もっともっと、と求めてしまいがちです。しかし、その中でも自分にとってプラスになるもの、自分という資産をよりよいものにしていく可能性があるものにお金を使っていくことが投資です。

今日何を食べるか、どんな材料を買うか、あるいはどこに食べにいくかということを、一つ一つ自分の価値観で判断しているのです。何を選ぶかで、自分の心身の状態が変わっていくのですから、その価値基準がその人自身をつくっているといえるでしょう。

ただなんとなく選ぶというところから、自分にとって何に価値を感じるか、「価値の軸」を意識することで、生き方はもとより、お金の使い方や流れ方も大きく変わっていくということを心に刻んでいただきたいと思います。皆さんも自分の「価値の軸＝価値基準」について、改めて考えてみてください。

第2章

ホロスコープから自分の「お金スタイル」を知る

ホロスコープからお金の流れを知る

ホロスコープは、生まれた日の星の配置を図として表したものです。その人にとっての生き方や日常の送り方、仕事や恋愛など、その一枚の図からたくさんの要素を読み取っていけます。

同様に、お金に関してもホロスコープから読み取ることができます。ただ、ひと言でお金といっても、生命を維持するために食事をする、健康状態を保つために運動し、病院に通う、日常を楽しく過ごすために遊びや自分の好きなものを買う、仕事にプラスになるよう身なりを整える……などさまざまな活動にお金は関わっています。

だから、お金もホロスコープでみていく必要のあるテーマといえます。お金だけではありません。人が「価値あるもの」と位置づけているものは、それ自体が人の原動力となるので、ホロスコープにも反映されることになります。

自分自身のお金の流れを知ることは、自分の中のエネルギーの流れを知ることにつながります。それは体の中を血液が流れて、酸素や栄養分を体の末端の細胞に運び、生命活動がなされることと同義です。

ただホロスコープでは、単にその人の中だけというよりも、その人の居場所、たとえば環境や対人関係、社会活動なども含めたさまざまな事柄も示されます。その人自身と、取り巻く環境を巡るお金の流れは、その人が置かれた環境の中で人生を送ることに対して、エネルギーがどんな形で巡っているかを教えてくれるのです。このことを知って、意識することにより、エネルギーの流れが強化され、より太くなって、人生が充実したものになっていくのです。

ホロスコープをみることは、自分と自分を取り巻くエネルギーの流れを把握することです。そして、意識的にその流れに沿って行動し、より充実させるような活動を行うことで、豊かな人生へと導かれていくでしょう。

自分のホロスコープを描く

個人の傾向をみることができるホロスコープ（「チャート」「星図」ともいう）は、出生図（ネイタル図　Natal）と呼ばれます。生まれた日時に出生した場所からみた、天体の配置が示されています。

ホロスコープの図を描く際、そのときの星の位置などを知るエフェメリス（天体暦）を使用したり、計算が必要になったりします。計算がたいへん複雑なため、少し前はパソコンを使用していましたが、近年は、インターネットのサイトや、アプリに生年月日と出生時間、場所を入れれば、自動的にホロスコープが描かれるようになっています。各天体、星座の特徴などの情報もネットで手に入りやすくなり、西洋占星術は以前より格段に敷居が低くなったでしょう。

ホロスコープを正確に出すには、ネットのホロスコープサイトや、ホロスコープアプリなどを利用することをおすすめします。ここでは無料でホロスコープを出力できるサイト

ホロスコープ

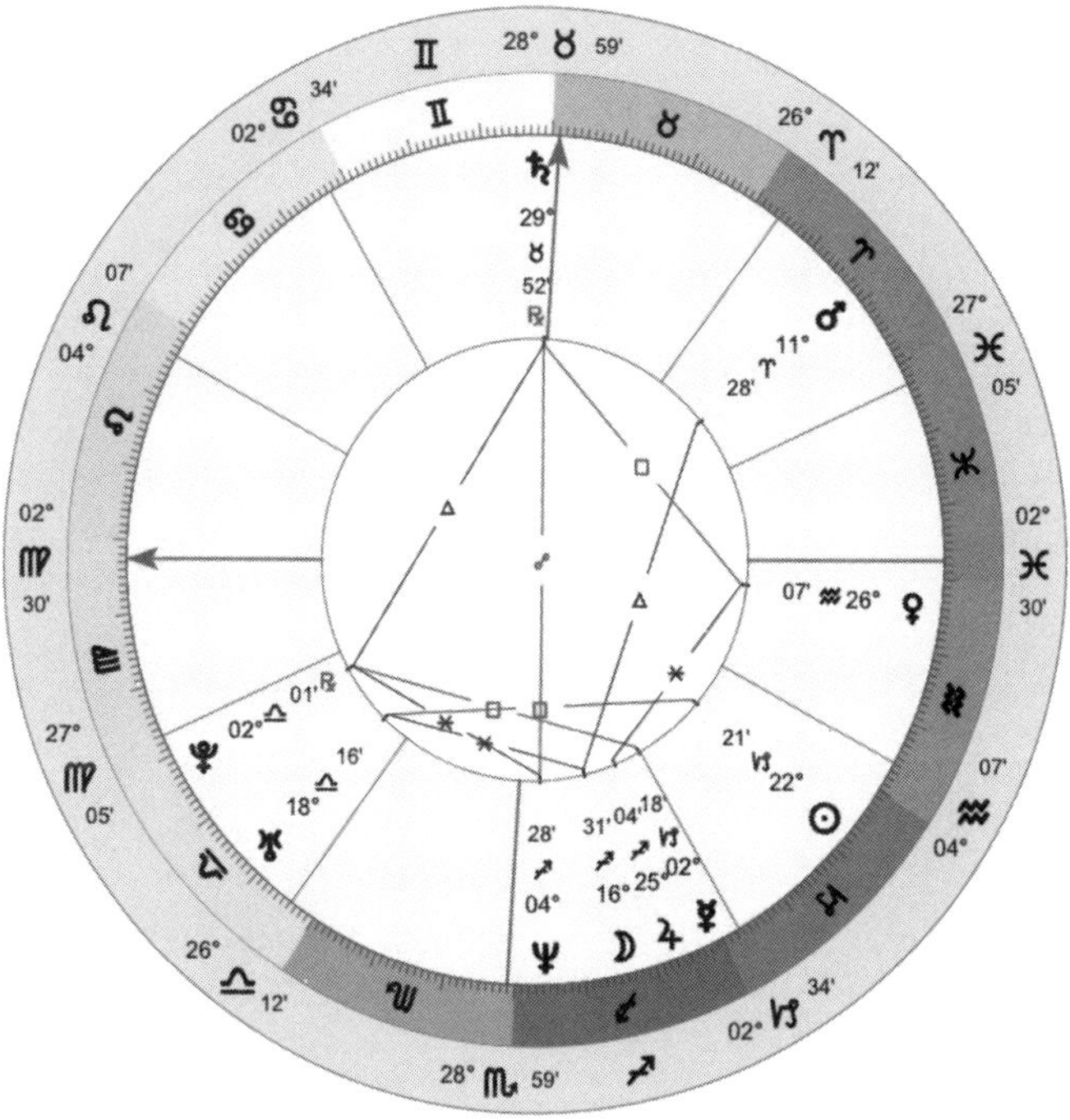
28° ♉ 59'
♊
02° ♋ 34'
07' ♌ 04°
02° ♍ 30'
27° ♍ 05'
26° ♎ 12'
28° ♏ 59'
02° ♑ 34'
07' ♒ 04°
02° ♓ 30'
27° ♓ 05'
26° ♈ 12'
♄ 29° ♉ 52' ℞
♂ 11° ♈ 28'
♀ 26° ♒ 07'
☉ 22° ♑ 21'
♇ 02° ♎ 01' ℞
♅ 18° ♎ 16'
♆ 04° ♐ 28'
☽ 16° ♐ 31'
♃ 25° ♐ 04'
☿ 02° ♑ 18'

をご紹介いたします。

先述のとおり、ホロスコープを出力する際は、「出生データ（生年月日、生まれた時間、生まれた場所）」を事前に準備しておきましょう。生まれた時間は母子手帳などに記載があります。母子手帳が手元にない、あるいは出生時間がわからない場合は、仮の時間として「昼の12時」を利用し、ハウスシステムという設定を、「ソーラーハウス」として出力してください。

ホロスコープサイト

◎ Astrodienist（アストロディーンスト）

https://www.astro.com/horoscopes/ja

＊トップページの「出生図、上昇点」のページか、「出生データによるいろんなチャート」からホロスコープ計算ページに移動できます。

◎ Astro-Seek　（アストロシーク）

https://www.astro-seek.com/

＊上部の「Free Horoscopes」をクリックし、ドロップダウンメニューの「Birth Natal Chart Online Calculator」からホロスコープ計算ページに移動できます。

ホロスコープの構成要素

ホロスコープは以下の要素で構成されています。

・**天体**：月、水星、金星、太陽、火星、木星、土星、天王星、海王星、冥王星という10個の天体。それぞれに担当のような形でその人の内側の役割を担う。
・**サイン（星座）**：牡羊座から魚座までの12のサイン（星座）、天体やハウスにサインごとの性質、傾向を与える
・**ハウス**：1ハウス〜12ハウスまでの12種類のテーマ、その人自身、家庭、他者との関係、社会活動などをみることができる。どんな天体がどんなハウスに入っているかによって、天体がどのような場で力を発揮していくかをみる。
・**アスペクト**：天体同士の関係と影響。特定の角度をとる天体同士が影響しあい、お互いに影響を及ぼす。片方の影響力が大きすぎる場合は一方的な関係となる。

ホロスコープの構成要素

ホロスコープは、配置の違いにより、運命や人生、性格傾向などが変わってくる、あなただけのものです。

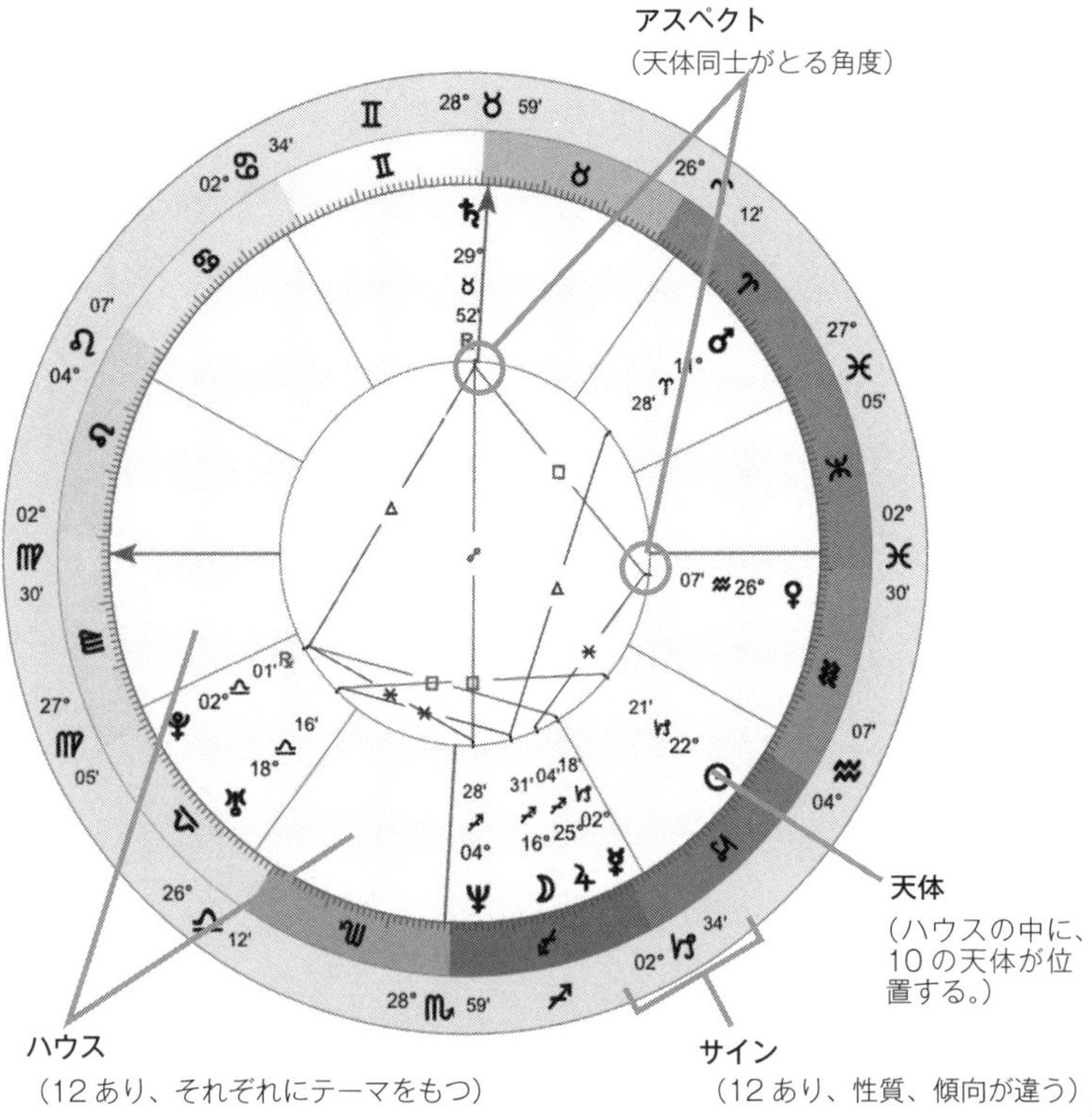

性質や運命の傾向をみる天体

天体は10個あり、それぞれに役割を持っています。サイン（星座）やハウス（部屋）など天体が座す場の影響を受けて、その性質が決定づけられます。基本的に、月、水星、金星、太陽、火星、木星、土星、天王星、海王星、冥王星という10個の天体をみて、その人の性質や運命の傾向、日常の過ごし方や公的な場面などでの振る舞いなどをみていきます。

たとえてみると、その人の中に特定の役割を持つ担当者がいるようなものです。その働きにより、特定の事柄への得意不得意や活動に関する取り組み方がわかるのです。

それぞれの担当者（天体）は連携したり、反発したりしながら活動するので、特定のことがスムーズに進んでも、別のことはいい加減に行いがち……など、それぞれの人の特性を形作っていくのです。この10天体はすべての人のホロスコープに必ずあり、その総合的な働きにより、その人自身のあり方や運命などをつくっています。

第1章でお話ししたように、月、金星、太陽、土星が何座にあるかということは、お金に関わる傾向を読むうえで重要なポイントになります。のちほど、ホロスコープの特定のポイントから、お金にまつわる傾向を細かく解説します。

ひとまず、お金にまつわる重要な天体がどのサインに入っているかをみていくだけでもかなりよく傾向がわかるはずです。まずはこちらからご一読いただき、ご自身の傾向をいろいろとみていってください。

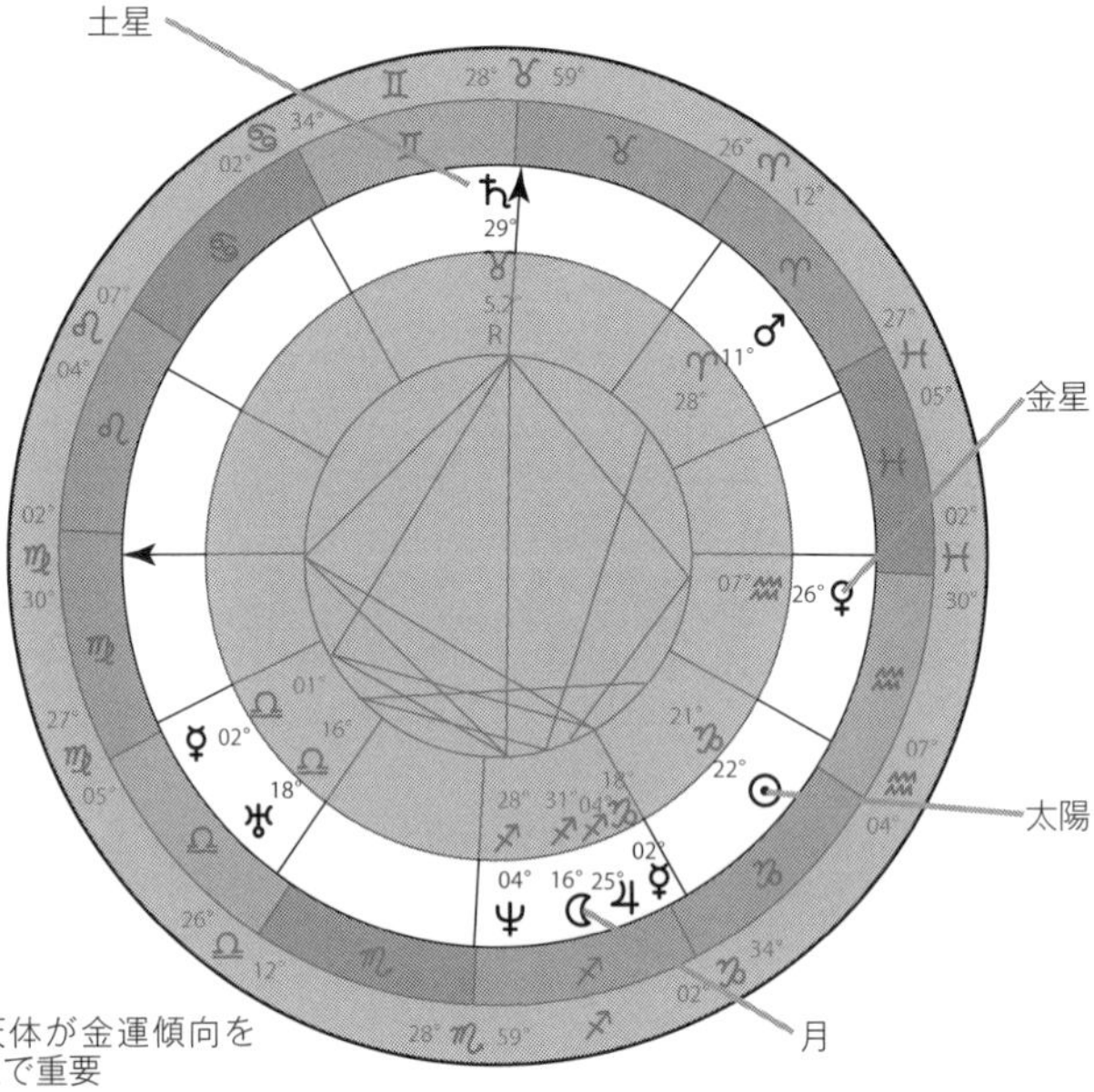

4つの天体が金運傾向を知るうえで重要

月 ☾

月は**個人の性格や性質、物事に対するリアクション等の要素に関連した天体**です。0～7歳ごろの発達にまつわり、その時期に過ごした周囲の状況、とりわけ家庭環境といったものや、日々の生活の送り方、好き嫌いといった基本的な情動の反応パターンなどが、月の範疇といえるでしょう。

性格的な要素は、月が何座にあるかによってみることができます。求める安心や安全の形、また安心できる場所、リラックスできるのはどんな環境であるかについても、月の状態をみることで明らかにできるでしょう。

さらに医療占星術という占星術の一分野では、月は身体にも関連しているといわれます。身体を守る作用や反応にも関わり、より安定的な衣食住を求める「欲求」や、身体に危険が及びそうなときに感じる「恐怖心」とそれにまつわる反応（たとえば蛇をみたときの感覚や、その後とっさに避けようとする行為）も月に備わった要素です。

日々、何をどのように食べ、どのように過ごすかということも、身体をつくる要素に関わります。自分に必要なものをどんなふうに選んでいくかも関連しているでしょう。

お金がなかったら、安心できる環境を手放すことになったら……と思うときに立ち上がってくる恐怖感の程度や感じ方は、月に関連する要素です。無意識的な反応であるため、それを制御することは難しいかもしれません。

どんなことに安心し、その一方でどんなことが不足すると不安を感じやすいかは、月が何座にあるかでみることができるでしょう。詳細は91ページをご覧ください。

月が関わるテーマ

性格・性質、日常の送り方の傾向

水星 ☿

水星は**その人の適応力や物事に対する対応力を示す天体**です。日々の目的の実現に対して、どのように行動に移すかという役割について、主に水星が担っています。

たとえば、買い物をするためにどこで買えるかを調べたり、お金の計算をしたりすることです。他者との交渉が必要な場面では、相手の気持ちや状況を踏まえてコミュニケーションをとり、自分の要望を通すなど、知性や適応力を使って目的を遂げるときに関わります。目的に向かうときに工夫したり、やるべきことを整理したり、情報を集めたりするなど、具体的な細かい作業や工程の実行は、水星によって行われているものなのです。

この**能力は7〜15歳ぐらいに発達する**といわれますが、この時期に学校に通って基礎的な知力や知性の処理能力を身につけていくのもうなずけるでしょう。大人になってからは、社会活動の中で情報収集し、コミュニケーションをとり、事務処理し、書類をつくるなどの基本的な部分は、この時期の知力の基盤（読み書き・計算など）によるものです。

どのような工夫力があるかは、水星が何座にあるかによって違ってきます。サインそれぞれの知性の使い方や技能や特性などをみることができるでしょう。

水星が関わるテーマ

状況対応能力、知性、工夫する力、コミュニケーション力

金星♀

金星は物事の楽しみ方や美的センス、対人センスに関連した天体です。遊んだり、おしゃれをしたり、友達や異性と交流したりするなどの、活動に関わる天体ともいえます。15~25歳ごろに、物事を楽しむ感性が豊かになります。この時期に、音楽やアートなどに触れて内面を豊かにしていくとよいでしょう。

恋愛などで気持ちのやり取りを行う中で、感受性の基本的な土台を作り上げていきます。芸術に感動したり、恋愛に夢中になったりすることが起こりやすい時期で、この時期に聞いた音楽が一生を通して好きであり続けるなども、それによって感性が形成されたからでもあるといえます。

お金に関しては物事を楽しむときにどんなふうにお金を使うかについても、金星が関係しています。生活の必要最低限の部分は月に関連しますが、プラスアルファの楽しみの部分に関してはこの金星が関与するのです。

また、金星にはバランスをとる働きがあります。日常がつらくて息苦しさを感じるようなときにも、楽しい活動をすることによって心の弾力を回復させてくれるでしょう。単に物事を楽しむための天体と思われがちですが、あなたの金星の特徴を活かすことで、内面のバランスをとったり、心にゆとりと潤いをもたらしたりすることも可能です。ストレスフルな現代の人々にとっては、重要な潤滑油となる天体とみなせるでしょう。

感受性のあり方や、物事をどのように楽しむかは、金星が何座にあるかでみていくことができます。詳細は98ページをご覧ください。

金星が関わるテーマ

物事の楽しみ方、センス、交流の仕方

太陽⊙

太陽は**人生や生き方、生きる目的を示す天体**です。太陽系の中心であるように、ホロスコープの中でも人生の主役ともなる部分を太陽が担っています。どんなことに価値を感じ、何のために生きるのか、どんな活動を中心に人生を歩んでいくと有意義に過ごせるかというテーマが現れてくる天体です。

私たちが雑誌などでみる、12星座占いの「○○座生まれ」が、太陽が入っている星座を示しています。つまり太陽の星座は、普段私たちが知っている、自分の生まれ星座ということです。

さて太陽は、25~35歳の頃に力をつけていく天体です。これは社会に出て、自分の生きる道を模索し、意識していく時期であることとも関係しています。

この時期に自分自身の価値観を形成し、どのように生きるかを選択して、自分なりに表現していく中で、太陽の働きはより強くなっていくのです。こうした活動を積極的に社会に向かって打ち出していくと、太陽のサインやハウスにまつわる人格がその人の中に形成されていきます。したがって、太陽は「公的な顔」ともいわれています。

お金に関しては、**長い視点でどんなものにお金を使っていくか、公的な活動に活かすためにどう活用するか**、などの価値基準が現れることになります。どんなテーマを中心に生きていきたいか、どんなことをすると生きている充実感が味わえるか、公的・長期的な価値基準をみる際、太陽が何座であるかによって読み解くことができます。詳細は105ページをご覧ください。

どんなサインであっても、それぞれの価値の感じ方がありますし、それをそれぞれのホロスコープ上の太陽の状態を確認することで、生きる目的や、なんのために生きているのかという、深い問いに触れることも可能なのです。

太陽が関わるテーマ

その人自身の人生、生きる目的

火星♂

火星は**行動力や推進力、競争力をみていくことのできる天体**です。
人に負けたくないときや、優位な立場に立ちたいときに活動する天体で、その人がどのような手段を用いて、他者を退け、自らのあり方を押し出していくのかも読み取ることができます。

35～45歳ごろに発達し、その時期につかんだ人生の目的を、社会の中に押し込んでいき、目的の活動を中心に人生を送ろうといこうとするでしょう。ただ一方で他者のあり方を退けて、自分のやり方を主張する傾向があります。

すると、反発されたり、反対にやり返されたり、場合によっては負けて怒りを覚えることもあるかもしれません。しかしそうした経験を積みながら、さらに対抗する手段を磨いたり、不要なトラブルを回避する技を会得したりして、目的を達成する火星の力を身につけていくのです。

どんな手段で勝とうとするかは、火星のサインでみていくことができます。お金に関するハウス（2ハウス、8ハウス）などに入っていると、積極的な売り買いをする可能性があり、自分の勝ち負けに関連する活動にお金を使うこともあるでしょう。衝動買いなどもしやすいかもしれません。

火星が関わるテーマ

行動力・競争力・集中力

木星♃

木星は**「善いもの」と感じるテーマに関連している天体**です。これは個人的に善いものというよりも、社会において、自分を含めた多くの人のためにプラスになると感じられる事柄に関連しています。

多くの人にとっての善い行いを素直に受け止め、自分自身も活動することで、社会も、そして自分も発展していくように感じられるでしょう。こうしたことから木星は、発展や成長、善意や倫理観など、精神面における「善いもの」に関わるといわれています。たとえば、教育、出版、宗教、立法なども木星に関連しています。それは多くに人の精神性を高めたり、よりよい生き方をサポートしたりするものとみなされているからでしょう。

木星の基本的な機能は受け止めて拡大していくことです。特に自分が社会にとってよいと思うことを素直に受け止めて取り込み、それをもとに活動していくためですが、よいと思う事柄はあまり意識に上がることはありません。

自分にとっての「あたりまえ」であるため、ストレスなく、スムーズに実行できます。その分、木星は気づきにくい天体ともいえますが、気づかないうちに積み重ねられたスキルや行いが、あとになって自分自身をサポートするような力として備わっていることも多いでしょう。その意味では、木星はその人の内側でひそかに育まれた宝物としてみることもできそうです。

さて豊かな積み重ねがどんな形のものであるかは、木星が何座にあるかによってわかります。ただし前述のとおり自覚しにくいため、丁寧にみていかないとピンとこないことが多いかもしれません。

お金に関するハウス（2ハウスや8ハウスなどに入っていると、大きな額を扱う場合もあるため、**お金持ちになる可能性もある**といわれていますが、実際には豊かな才能を発揮する方向で使われることが多いようです。

木星が関わるテーマ

社会的によいと思われる姿勢・善意

土星 ♄

土星は、社会規範や社会で生きる大人としての意識に関連した天体です。多くの人たちが生きる社会ではそれぞれがバラバラに生きていては成り立たないため、ルールや規範が必要とされます。それは法律のような大きなものから、会社の中のちょっとしたルールまで、土星が大小さまざまな形で社会を形づくっています。

古い時代の占星術では、土星が最も晩年の時期に関係すると考えられているため、老人などの意味も持っていますが、長老のような人物がその場の規範に則って、物事を裁定するようなイメージです。そして人として最も成長した姿は、言い換えると人の完成図であり、大人としての姿といえるでしょう。

土星は西洋占星術において、苦手な事柄、不足感を感じるテーマなどといわれます。これは現時点での自分を、自分が考える社会で活躍する大人の姿のイメージと比較したとき、まだそのレベルに達していない感覚を覚えるからです。それは劣等感やコンプレックスにもつながっていきます。そのため、自分自身が思い描く人としての完成図に関わると同時に、苦手感や劣等感など複雑な感情を思い起こさせる天体となるのです。

土星にまつわる苦手感を克服するには、やはり土星の示す自己完成につながるテーマに向き合い、コツコツと取り組んでいく必要があります。時間はかかりますが、その一歩一歩が成長を引き出し、人としての完成へと導いてくれるでしょう。

土星は、**お金に関するブロックのような形で出る**ことも多いようです。買いたいものがある場合、これは自分には不要なのではないか、と手を止めてしまうこととなり、それがお金の使い方に関する引っ掛かりになることが多いかもしれません。

どんな大人のイメージを持っているかは、土星が何座にあるかによって明らかにすることができます。完成図は12サインそれぞれにあり、それぞれの完成図を目指す姿勢がその人を成長させてくれるでしょう。詳細は111ページをご覧ください。

土星が関わるテーマ

ルール意識、社会における大人の姿、完成図、不足感、苦手感

天王星 ♅

天王星は**改革やアクシデントに関連する天体**といわれています。しかしトラブルを引き起こすものではなく、**それまであたりまえ、常識とされていたことや、長く続いてきたことに対して、一度その流れを止め、そのまま続けてよいかを判断する働き**と考えることができるでしょう。

再確認したあとは、そのままでも大丈夫であれば継続し、そうでなければ方向転換を促すことになるでしょう。そうした働きが結果的に物事を変えたり、リフレッシュしたりという形に表れてくるのです。また何かに煮詰まっているときにも、新しい発想を引き出し、状況に変化をもたらしてくれるでしょう。

断ち切るのは流れだけではなく、つながりなどもあります。人とのつながりを断ち、自分一人で何かを成すことを後押しするため、**自立、独立などとも関係する天体**といわれています。

もちろん人とのつながりは大切ですが、惰性で生じたつながりは、しがらみになってしまいます。それにより自由に自分の目的に挑戦することができなくなったり、本当に自分の求めているものから遠ざかったりするようなことも起こるかもしれません。天王星はこうしたしがらみを切り、本当に自分の求めるものに気づかせてくれるのです。

どんな活動や事柄がリフレッシュやブレイクスルーにつながるかは、天王星が何座にあるかでみていくことができます。人と話をしているときに新しいアイデアを思いつく、手作業をしていて新しい発想が湧く……など人それぞれでしょう。しかし、土星より外側にある天体であるため、その働きはときおりのものになってしまうようです。

お金に関連するハウス（2ハウス・8ハウス）に天王星が入っている場合、自営業などでお金を稼いだり、お金の扱い方を時折見直し、場合によってはガラッと変えるようなこともあるでしょう。

天王星が関わるテーマ

独立性・自立性・意識改革

海王星 ♆

海王星は**夢や幻想などに関わる天体**です。**目に見えない事柄や実体のないものに関連するテーマ**を持っています。霊的なことや神秘的なことにも関係していて、その働き方はあいまいですが、そうした側面も人間の一部分であるとする西洋占星術の発想に、面白みと不思議な印象を感じることでしょう。

ただ、人には明確な何かがなくても、危険を感じる直感や、虫の知らせのような感覚もあり、こうしたことも海王星が指し示す、無意識や夢の世界から引き出してきた要素として、みていくことができるのです。

海王星は、無意識領域といわれる意識部分や、その無意識の部分が目に見えない根っこの部分で多くの人とつながっているという、集合無意識にまつわるテーマとも関連しています。物事の因果に関して、目に見える領域だけではなく、目に見えない領域のつながりがあり、それによってシンクロニシティのような出来事も起こるのでしょう。

海王星が何座にあるのかをみていくことで、どんなテーマを夢として追い求めたくなるかがわかります。実際にメリットがなくても追い求めていきますが、それにより心の充電とワクワク感に満たされるため、どうしても追いかけたくなるのでしょう。

ただ、海王星には嘘や詐欺といった悪いイメージもあります。深い感動や喜びにも関連するポイントであるため、その分現実的なところを把握できず、期待を裏切られるようなことも起こりやすいのかもしれません。

お金に関連するハウス（2ハウス・8ハウス）に海王星が入っている場合、お金を動かすことや運用することに関して夢を感じてエネルギーを注いだり、人の縁からお金が入りやすいこともあるでしょう。その一方で、場合によっては夢を感じる物品を購入しがちで、むだ使いしてしまうこともあるかもしれません。

海王星が関わるテーマ

夢・幻想・霊的な働き

冥王星 ♇

冥王星は**死と再生**に関わったり、**限界を突破する極限的な力**に関わったりするといわれます。そのため、日常で普段どおりに暮らしているときはあまり意識することはないのですが、いざというときや、特に生死にかかわるような状況に陥ったとき、その力が発揮されることが多いでしょう。日頃はあまり意識することがなくても、非常時には自分でも驚くようなカリスマ的な力を発揮するため、その振り幅の大きさから**「極端さ」**というテーマも出てきます。

冥王星があるサインやハウスによっては、死ぬわけではないから……と、人よりも過酷な状況にあっても、淡々と過ごすこともあります。そのため、人からみると非常に忍耐強く、並外れた精神力を持っているように見える場合もあります。

そして限界を超え、このままでは死んでしまう……という状態に置かれたとき、突然いっさいを放棄するようなこともあります。これも冥王星が示す極端さといえるでしょう。

死を意識することによってスイッチが入ったり、長期的に忍耐力を発揮したりすることもあります。生死という観点が関連する分、気持ちの面での切迫感が大きいため、冥王星が関連するようなテーマに対して、理由なく切迫感を覚え、不安や重圧を感じることもあるでしょう。

お金に関するハウス（2ハウス・8ハウス）に冥王星が入っている場合、お金の使い方や運用の仕方が極端になりやすい場合もあります。ただ、普段は忍耐力の部分が特徴として発揮されています。極端な出方をすることは、人生の中でも数回という感じでしょう。

冥王星が関わるテーマ

死と再生、極端さ、カリスマ性

12星座（12サイン）

12星座（12サイン）は、ひと言でいうと、**天空につけられた番地やエリア**のようなものです。天体がこれらの星座のどこにあるかをみることが、目的の一つとなります。

実際の星座（Constellation）やその大きさなどとは違い、太陽の通り道である黄道を12に分割し、30度ずつのエリアに表されています。占星術で扱う天体やハウスの状態なども、牡羊座から魚座まで、各星座の何度（0～29度）にあるかによってみていくため、西洋占星術の手法の中では、物差しのように、座標の位置を確定するものとなっています。太陽の通り道を円とみなし、位置をどのサインのどの度数にあるかで表し、天体同士の関係を角度でみていくことができます。

もう一つの**12星座（サイン）の働きは、星座それぞれの性質を天体やハウスに付加する**ことです。これにより私たちは、自分のホロスコープの中のそれぞれの天体などが、星座（サイン）によって雰囲気づけされ、その人らしい性質や性格を形作っているのです。

性質は星座ごとに違ったものとなっていますが、全くバラバラというわけではありません。配置ごとに共通点を持っていて、同じ性質を持つグループが存在しています。その中でも特に重要なエレメント（元素）とモダリティ（三区分）というグループ分けをみていきましょう。

エレメント

エレメント（元素）は、火・土・風・水というグループに分かれます。それぞれ12星座の配置的にちょうど正三角形の配置になるようなグループがあります。このグループはそれぞれに同じテーマに着目する性質があり、協調的に働きかける傾向もみられます。

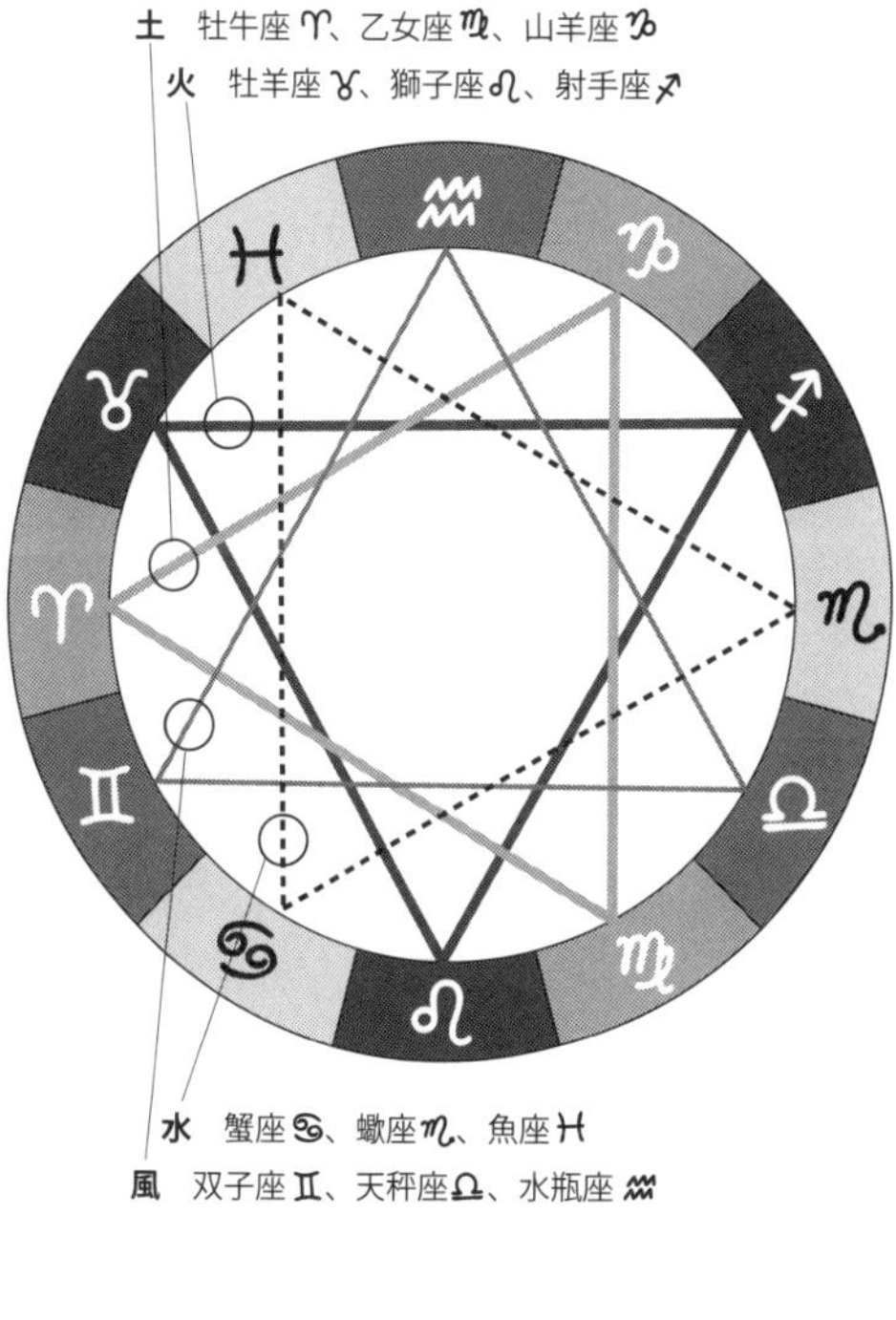

4つのエレメント（元素）	テーマ
火 牡羊座 獅子座 射手座	個人の精神性に関連し、自分の意欲に着目するグループ。自分のやりたいことを意識し、個人的な熱意などを積極的にアウトプットしていく。自分の意欲のままに行動し、熱意も高いグループで、やりたいことを優先するため、わがままといわれることも。また物事の判断は直感的に行われる。
土 牡牛座 乙女座 山羊座	肉体やものなどに関係した物質性に着目するグループ。物事を具体的・実際的に判断し、目に見えるもの、数値として表れてくるものを優先して、物事を進める。その場の勢いや熱意などに振りまわされることが少なく、冷静な傾向がある。
風 双子座 天秤座 水瓶座	他者やまわりの状況に着目するグループ。客観的な視点を持ち、まわりの状況や多くの人の意見、情報などを知性によって統合し、その判断をもとに物事を進める。他者と積極的に関わり、他者とやり取りして情報を扱うため、高いコミュニケーション能力をて持つといわれる。
水 蟹座 蠍座 魚座	他者の気持ちや内面に着目するグループ。人の気持ちを察し、共感から受け止めていくため、情緒的、感情的といわれることも多い。相手の苦しみや悲しみ、喜びなどといった感情を自分のものとして扱い、時には問題解決への手助けをすることも。他者へ配慮し、優しく振る舞い、人と人との気持ちの交流を大切にする。

モダリティ（三区分）

モダリティ（三区分）と呼ばれるグループは活動宮、不動宮（固定宮）、柔軟宮に分かれ、それぞれ12星座の配置的に、十字を描くような配置に置かれています。モダリティは「動き方」に関連し、その動き方はどのように時間を意識しているかという時間感覚がベースになっています。

モダリティ（三区分）	動　き　方
活動宮 牡羊座　蟹座 天秤座　山羊座 **時間感覚：今、ここ**	「今、ここ」を意識し、即座に行動するような、休むことのない活動性を持つグループ。スタートさせる力や推進力もあり、目的に向かって真っすぐに推進していく。自分から働きかけて物事を動かし、早く結果にたどり着こうとするせっかちな面も。過去や先のことに考えが及びにくく、維持・継続は苦手。一つに集中し結果を出し、次に行くというスタイルで、なにかと忙しく動きまわる。
不動宮（固定宮） 牡牛座　獅子座 蠍座　水瓶座 **時間感覚：遠い過去から、遠い未来まで**	過去から未来までの長い時間を意識し、一つのことをずっとやり続ける行動傾向。物事を維持・保持し、つねに変わらない価値観を持つため、結果的に安定感があるようにみえ、実績・成果・形あるものを残すことになりやすい。路線変更や急な変化は苦手。継続してきたことが続けられない場合、心圧が上がったり、パニックになったりすることも。
柔軟宮 双子座　乙女座 射手座　魚座 **時間感覚：隙間時間**	何かを継続しながら、その隙間に新しいことを始めるような、隙間の時間を活用しながら物事を行っていくグループ。マルチタスク傾向はこのグループの強み。状況に応じてやるべきことを切り替えていけるが、多くのことを同時進行で進めすぎると混乱しやすい。スキルや情報などさまざまな選択肢を持つことで、状況の変化に対応できる性質があるが、その一方で選択肢が増えすぎると混乱しやすい。

それぞれのサインの傾向

ここでは、それぞれのサインの傾向とそれにまつわるキーワードを説明します。天体はそれぞれのサインに入ることで、天体そのものの活動に対して、星座（サイン）的な傾向が付加されます。

牡羊座 ♈　3区分：活動宮　エレメント：火　支配星：火星

最初のサイン。経験がないので行動で確認します。先を考えず物事に飛び込むので、未知の領域に勇敢に飛び込みますが、内面には先の見えない不安があります。勢いで行動し、失敗もありますが、それによって得られるものもあるでしょう。直観で判断し、高い瞬発力により即座に行動に移せます。

キーワード　勢いで飛び込む　元気さ　明るさ　荒っぽい　せっかち　急ぐ　直感的に

ストレートに　瞬発力で　即決　テンション高め　負けたくない　先頭を切る　積極的
忘れっぽい　飽きっぽい

牡牛座 ♉

3区分：不動宮　エレメント：土　支配星：金星

身体という物質に深く根づいた魂を表し、自分の身体（物質）に根づいた感覚（五感）を重視します。美食や音楽を楽しむ資質もあります。感覚的な確実さを求め、それをもとに判断し、行動するでしょう。じっくりゆっくり、自分のペースで物事に取り組みます。美的センスなどが発達しています。

キーワード　ゆっくり　一つ一つ　丁寧に　マイペース　地道に　落ち着いた　センスのある　所有欲求のある　じっくり考える　何度も繰り返す　融通が効かない　予定変更はいや　実力・才能からの自信

双子座 ♊ 3区分：柔軟宮　エレメント：風　支配星：水星

好奇心旺盛で、知識欲に満ちています。興味を刺激されるものに対してすぐに確認し、情報収集する傾向があり、こだわりを持たず、いろいろなものに関心を寄せるでしょう。ひとところに縛られるのを嫌い、フットワークよく飛びまわり、人より一歩先を歩んでいこうとします。

キーワード　フットワークのよい　好奇心旺盛な　情報通な　おしゃべりな　コロコロ変わる　落ち着かない　広く浅く　いろいろなバリエーション求める　出し抜く　生き残りたい

蟹座 ♋ 3区分：活動宮　エレメント：水　支配星：月

身近な人と気持ちを同調させて、感覚的に共有していきます。そのため、家族や親しい友人などに対しては、自分自身に置き換えて物事を感じ、親身になってサポートをします。人の輪を大切にします。身近にいる人から物事を学び、習得しますが、共感した相手に影響されやすい一面があります。

キーワード 身内に優しい　仲間&家族思い　共感力高い　最初は人見知り　みんなのために　優しい　同じことを繰り返す　仲間内でリーダー　みんなと一緒で安心　真似いつもと一緒が楽

獅子座 ♌　3区分：不動宮　エレメント：火　支配星：太陽

自分の内面にあふれる創造性や感動といった情動をそのまま外に打ち出そうとします。ドラマティックさを求めますが、それによって自分のテンションを上げることもあります。生きることに対して意欲的な姿勢があります。望む状態を得られないときの落胆は大きいでしょう。

キーワード 自己主張強い　盛り上がりたい　イベント好き　負けず嫌い　あきらめない　自分のやりたいことに集中　褒められて伸びる　注目されて元気になる　テンション

高い　よいと思えばとことんやる　高い自負心

乙女座 ♍　3区分：柔軟宮　エレメント：土　支配星：水星

優れた分析力と計画力を持ち、物事を着実にこなします。人の役に立とうとし、実用性の高い事柄で実力のある個人として完成を目指すでしょう。細かいところに目を向けて、差を確認し、分析します。防衛心の強い面もあり、他人から不備を指摘されたくないという思いもあります。

キーワード　細やか　丁寧　実力高い　仕事処理能力高い　分析力高い　段取り上手　頼まれたらなんでもできる自分でありたい　細部が気になりすぎる　健康系が好き　清潔　清楚　品のある

天秤座 ♎ 3区分：活動宮　エレメント：風　支配星：金星

他者に興味を持ち、対等な関係をつくるために積極的に話し合いなどしていきます。他者のあり方を個性として前向きに受け止め、他者とのバランス感覚を大切にします。相手の個性に注目しますが、相手がわがままをすぎる場合は振りまわされることも多くなるでしょう。対人バランスやファッションセンスも高いのが特徴です。

キーワード　人あたりがよい　よいリアクションができる　直接対面でやり取りしたい　他人のいうことが信じられる　意見交換して決断する　褒め上手　バランスを考える　さまざまな意見を考慮して方針をまとめる　決断に関して気持が揺れやすい

蠍座 ♏ 3区分：不動宮　エレメント：水　支配星：冥王星・火星

特定の事柄に集中的に深く関わり、対象とする人物やテーマと自分自身とを関わり合いの中で大きく変化させようとします。鋭い洞察力と集中力を持ち、特定のことに対して徹底的に実行し、粘り強く成果を得ます。忍耐力が高いのですが、我慢しすぎると爆発することもあるので、時折ガス抜きが必要です。

キーワード 深い　簡単に心を見せない　ミステリアス　忍耐強い　専門性の高い　あきらめない　深く追求　信頼と絆が大切　不言実行　深く入り込む　実績からの自信　一体化

射手座 ♐　3区分：柔軟宮　エレメント：火　支配星：木星

自由さと精神の広がりを求め、抽象的で思想的な事柄に興味を示します。具体的で細かい事柄よりも、広い視点からの大枠で物事を捉えます。オープンマインドで人と切磋琢磨《せっさたくま》しながら成長していくことを望み、フェアな精神で競い合うことを好みます。陽気で、どんなことにも前向きに取り組む姿勢を持ちます。

キーワード おおらか　適当　アバウト　気楽　陽気　勉強熱心　向上心高い　読書好き　外国好き　議論好き　切磋琢磨　精神性を高めたい　理想を求める　よいことはみん

なに広めたい

山羊座 ♑　３区分：活動宮　エレメント：土　支配星：土星

自分が関わる社会の中で、自分の役割を担って生きていくことを望んでいます。社会貢献を考え、大人として振る舞うことを意識し、常識的で、それまでの慣例やルールを守ります。保守的で、冒険は避け、真面目で、物事を丁寧に行います。歴史や古いもの、由緒あるものを好みます。

キーワード　真面目な　しっかり　きっちりしている　信頼できる　大人っぽい　大人びた　自制心のある　枠組み・システムづくりがうまい　必要に応じてその場で対処できる　社会貢献　社会や公を意識　ルールを守る　年功序列な古いもの好む　和風・古風な

水瓶座 ♒ 3区分：不動宮　エレメント：風　支配星：天王星・土星

人と人のつながりを広げ、そこから未来を作り上げていくことを望みます。既存の硬直した社会に対して反発し、肩書きや性別といった格差にとらわれず、多くの人たちと等しく協調関係を結ぼうとするでしょう。個人の個性を重視し、友情や友愛を大切にしながらさまざまな事柄を実行していきます。

キーワード　未来的な　独立的な　自立心　クールな　波を嫌う　友達多い　人づき合いも好きだが一人も好き　単独行動　個性的な　上下なし・みな平等　誰に対しても同じ対応

魚座 ♓ 3区分：柔軟宮　エレメント：水　支配星：木星

共感力の感度が高く、どんな人に対しても優しく振る舞い、サポートしようとします。純粋に魂のあり方を重要視し、自分だけでなく他者に対しても、それを実現させてあげたいと願います。つらい目にあっている人に対して同情を寄せる一方、人の心や神秘的なものに関心を向けます。

キーワード　心優しい　柔軟な　決められない　包容力のある　芯の強い　献身的な　人に尽くす　人のために動く　自分よりも相手　見知らぬ相手に同情　共感力高い　癒し系な　なごみ系な

ハウスとカスプ

ハウスは、**生まれた日時、場所での、東の地平線と太陽の通り道である黄道の交点を基準にして、12にエリア分けされたもの**です。それぞれに対して起点となる東の地平線（アセンダント・ＡＳＣ）から反時計回りに１ハウス〜12ハウスと配置されています。

ハウスはそれぞれに特定のテーマが関連づけられます。たとえばひと言で表すと、２ハウスはお金、３ハウスはコミュニケーション、４ハウスは家庭や家族……などなど、その人が持っているものや対人関係傾向、環境・状況にまつわるテーマが、カテゴリー別に配置されています（88ページの表）。

それぞれのハウスは、テーマに対してどういった姿勢を持っているのか、感覚を持っているのかを示しています。たとえば、２ハウスはものやお金に関連しており、ものやお金に関する扱い方や、ものやお金に対する認識なども含まれているのです。

同じ12のエリアに区切られているということで、12星座も似たようなテーマがそれぞれ配されています。ハウスはその基準となる部分が、地上の、自分の生まれた場所など個人に照らし合わせたものを基準に決められていて、その人その人における金銭感覚や対人傾向などをみることができます。

太陽の通り道を基準にしたサインは天上のもので、抽象的で雰囲気に近いもの。一方で、個人の生まれた場所を基準にしたハウスは地上のもの、具体的で実際の状況などをみるものということができます。

また、ハウスをそれぞれに仕切る境界線を**「カスプ」**といいます。反時計回り側の境界線を、それぞれのハウスのカスプとしてみていきますが、特に**1ハウスのカスプをアセンダント（ASC）**、その対向にある**7ハウスのカスプをディセンダント（DSC）**、**10ハウスのカスプをMC（メディウム・コエリの略）**、**4ハウスのカスプをIC（イムーム・コエリの略）**と呼び、特別に扱います。

この**「カスプ」が何座であるかによって、ハウスの持つテーマに関する傾向が違ってきます**。そうした意味では、星座は雰囲気づけするものであり、ハウスと星座は違うものであることもわかるでしょう。

さらにハウスに入る天体は、ハウスのテーマに結びつけられた活動を主に行っていきます。たとえば、水星（知性・工夫する力）がお金や才能のハウスである2ハウスに入っていれば、ものを書いたり、話をしたりする才能があり、それをもとにお金を稼ぐ、と読めます。水星が趣味や遊びに関わる5ハウスに入っていれば、好きなことに対する情報収集が得意だとか、知性を使うような趣味を持つ、などと読めるでしょう。

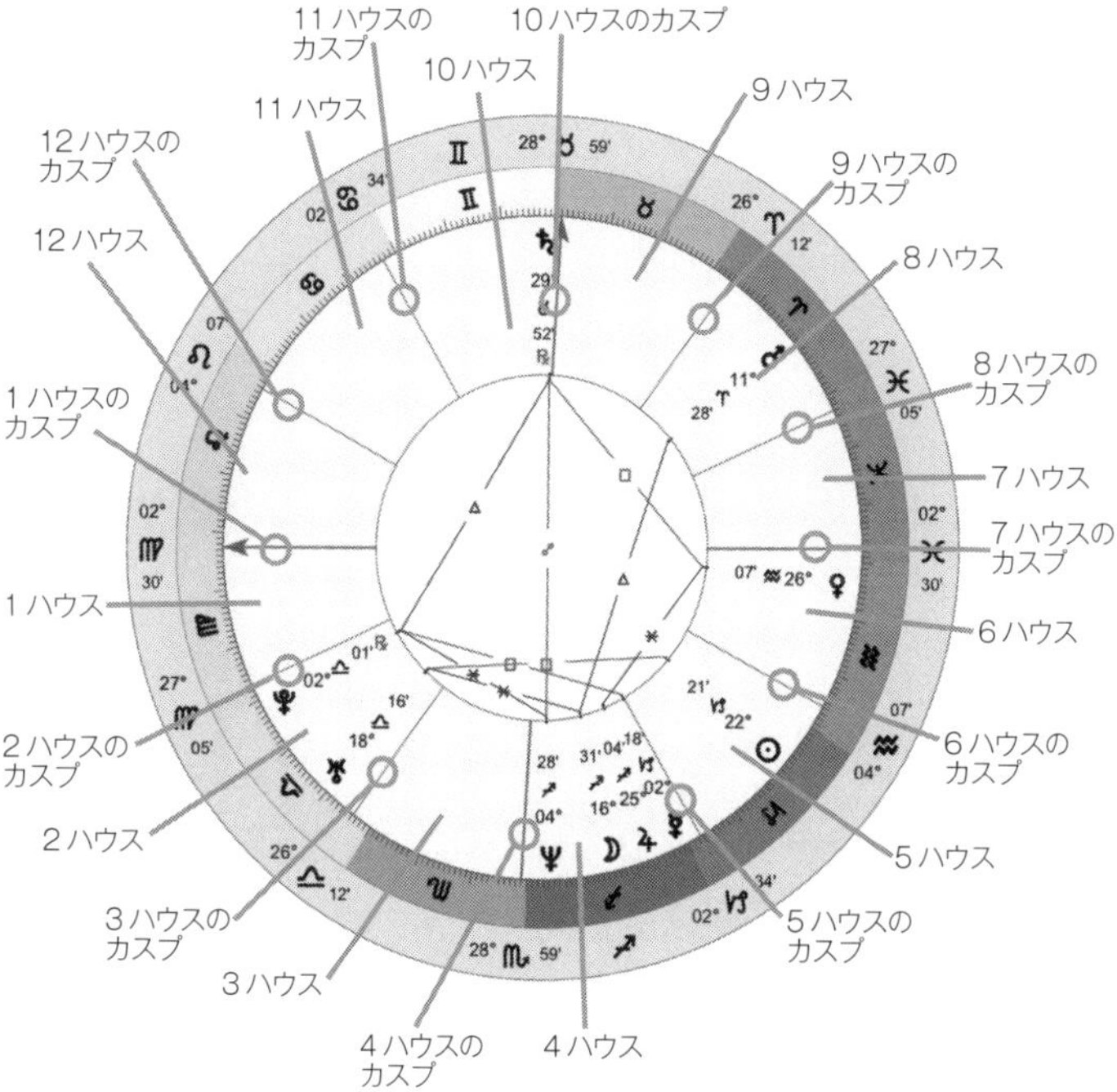

各ハウスのテーマ

1ハウス	自分自身　アセンダント　その人の持つ雰囲気 雰囲気やエネルギー感としてのその人のムード　他者からみたその人の印象　自然にやってしまう物事への働きかけ方（自分では気づいていない）
2ハウス	持ち物　才能　お金の稼ぎ方　身体に根付いた特徴 身体という持ち物に関連し、身体に内包される五感や才能にも関連。さらに身体を生かすための食やお金にも関わる
3ハウス	初等教育　兄弟姉妹　コミュニケーション　ノウハウ　近所 知性や知力の基本的な部分、他者とのやり取りの技能、すぐ使えるノウハウ
4ハウス	家　家族　集団無意識　夜寝て意識の中でつながる集団　IC 家や家族に関すること　その人の心理的な土台、最低限どんなことをすれば安全が守られるかという認識　休息や回復の場のあり方
5ハウス	恋愛、遊び、子ども　気持ちの盛り上がる事柄 趣味や遊びなど、魂が高揚するように感じられる事柄　投機性　アート　舞台関係　エンターテインメント系
6ハウス	仕事　健康　使用人　部下 働くということ全般　7ハウス以降の外界と関わる際の調整の場　外界との調整としての健康管理

7ハウス	パートナー　足りないところを補う人　対人関係全般　ライバル　結婚相手 他者との基本的な交流の持ち方　対人関係の形　周囲に集まりやすい人たち
8ハウス	相手のニーズに合わせて動き、それによってお金や信頼を得る　深層心理　すぐ動かせないお金（貯金・株　借金　遺産　配偶者のお金）　深く関わる集団の傾向や関わり方　会社　相手に合わせるあり方
9ハウス	高等教育　外国　出版　司法　宗教　精神の広がりを感じさせるテーマ　その人の理想のあり方　啓蒙　広く人に教えてより高みへと引き上げたい　研究（大学院系：自分の興味のあること・研究したい事柄を研究）
10ハウス	社会的な人として到達したいと願う到達点 年長者　上司 どんな形で社会に関わっていきたいか　その人の看板的な部分　肩書き
11ハウス	未来　友人 同じ志を持つ人たちの集まり、未来にやりたいこと　サークル活動　趣味のグループ活動
12ハウス	隠れたもの　敵　心の無意識領域　ネット 不特定多数とのかかわり　素性を隠しての活動　ネット関連　人の心の隙間を埋める仕事（6ハウスは物理的・具体的な隙間）　セラピー　占い

アスペクトについて

アスペクトは天体同士の関係で、特定の角度の配置をとるような天体同士が相互に影響し合うことをいいます。たとえば、月と金星がアスペクトを持っている場合、月の影響が金星に、金星の影響が月にもたらされます。

月が金星に影響される場合、月の示す性格面や日常の送り方に対して、楽しさやセンスのよさ、おしゃれなものを日常に使うなどの傾向が出てくるでしょう。金星が月に影響される場合、金星の示す物事の楽しみ方や人との関わり方について、自分の感情を基準にし、人と関わっていきます。

天体同士の影響はホロスコープの中の、とりわけ天体の状況をみていく際に重要となりますが、今回は複雑になってしまうので、この項目は割愛します。

月☾の12サイン別傾向

天体の項目でお伝えしたとおり、月、金星、太陽、土星はその人のお金にまつわる基本傾向をみるうえで、重要なポイントとなります。月は日常の維持や生命維持に関連するため、お金をみる点で重要なポイントの一つです。ここでは12星座別に、日常のお金の使い方、売り買い、不安の形、不安から買いすぎるものの傾向をみていきましょう。

☾ 牡羊座

日常の買い物は、即断即決。自分にとっての要不要をその場のノリで判断していく、場合によっては衝動買いもあり、テンションの上がるものを買いたがる。居場所のない不安、自分の存在そのものに対する不安、それを解消・軽減するために、自分の存在を確認するために熱意のままに何かを買う場合あり。

牡牛座

日常の買い物は、自分の感覚や五感にフィットしたものを重視する。場合によっては高額なものも購入するが、大切に使用する。購入までにじっくり吟味するが、売ったり、手放したりするのは得意ではなく、ものが増えていきやすい傾向あり。肉体を維持できなくなる不安から、衣食住に関わる品物を手厚く購入しがち、ストックが余る場合も。

双子座

日常の買い物は情報を確認しながら、その場の状況の中で最もよいものを買おうとする、チープでも有効に活用できるものを好む。整理するのが苦手な面があり、見つからない場合、入手できるものを手早く買うこともあるため、あとから家の中で同じようなものが出てきやすい。知識不足への不安から、情報にまつわるものや本などを買いすぎてしまう傾向。

蟹座

日常の買い物は、安心できるものを購入する傾向、いつも使っていて確実なもの、定番品の購入を好み、あまり冒険はしない。身近な人たちのための何かを買って一緒に堪能《たんのう》する傾向。安心や安全に対する不安から、防犯や防災グッズなどを手がたく準備しておくが、いろいろと買いすぎてしまうこともある。

獅子座

日常の買い物は、自分を輝かせるような特別なものを好み、購入する傾向。普段使いのものでも、どこかしら目をひき、インパクトのあるものを好む、総じて金額が上がりやすいかもしれない。自分らしくいられないことに対して不安があり、オリジナリティあふれる品をみるとつい購入したくなってしまう場合もある。

乙女座

日常の買い物は、必要なものを手がたく購入し、いつか必要になるかもしれないものについても準備しておく傾向がある。そのため、ストックが増えていきやすい。金銭の管理は細やかで確実。自己防御や健康、衛生面に関して不安を感じやすいため、防犯に関するものや健康、衛生に関するものに対しては、他のもの以上に多く購入しやすい。

天秤座

日常の買い物は、センスのよいものや栄養バランスのとれたものを購入していく傾向。デザイン性などを重視することもあり、それにより金額も上がりやすい。人のすすめで、勢いでものを購入することもある。知的なものにお金をかける場合もある。人との交流がないことや無視されることに対する不安があることから、交際費や交流に使うお金に関しては、その他のものよりも多額になりやすい。

☾蠍座

日常の買い物は、長期的な視点から必要なものを吟味して購入する。信頼できる人の情報やおすすめの品を買うことも多い。大切な人物や集団がある場合、そのためにお金を使うこともある。お金の貸し借りなども信頼性を重視する。大切な人との関係が絶たれることを恐れる傾向から、縁をつなぎ止める何かを購入しやすい。プレゼント、貢ぎ物などに注意。

☾射手座

日常の買い物は、比較的ざっくりした金額感覚で物事を購入していく。細かいことは気にせず買うこともあり、不備のあるものを買って後悔することなどもある。その場のムードが沈んでしまうような場面で不安を感じやすく、盛り上げるために明るく振る舞うため、そのストレスからくる反動で何か思いきったものを買ってしまう場合もある。

山羊座

日常の買い物は、社会的に信頼のあるものを手がたく購入する。長期的な視点を持ち、必要なものに対して計画的にお金を使うが、その場でよいものを購入できるチャンスが来た場合、品質を確認しながら素早く入手する。社会の中で居場所がないことが不安につながるため、社会で活動し続けられるよう、健康維持やスキルアップに関連するものについて、必要以上に購入しがちな面もある。

水瓶座

日常の買い物は、さまざまな角度からきちんと調べ、適切なものを適切な値段で購入。時間のかかる場合もある。よいものとわかると繰り返し購入。独特な観点で購入するかどうかを決めるため、まわりから理解されづらいこともある。交際費も多め。未来の不確定さに対する不安から、その不安を補ってくれるものを購入しがち。

☾魚座

日常の買い物は、その場のムードで決まりやすい。購入の基準はあいまいだが、感受性が豊かであるため、直感的に本当に必要なものを入手することも多い。自分やまわりの人の気持ちを癒し、慰めるものを購入。人の気持ちに敏感で、他者の不安にあおられやすい。それを消化するために、相手や自分のためにお金を使うことがある。

金星♀の12サイン別傾向

金星は物事の楽しみ方やバランスのとり方に関連します。何かを楽しむときや心身のバランスを崩しているときの回復法としてのお金の使い方の傾向が、重要なポイントになります。ここでは、12星座別に楽しい事柄へのお金の使い方や心身のバランスのとり方、そしてそのためにお金をどう使うか、傾向をみていきましょう。

♀ 牡羊座

パッと気持ちの湧き立つ何かを好み、新しいものや人が持っていないもの、そうした体験などで心のバランスをとる。瞬間的な判断で物事を楽しんでいこうとするため、楽しみに関するお金の使い方についても、あまり計画的ではない。衝動買いもある。瞬間的な浪費もあるが、直感として働く形でバランスを回復するので、あとで正解であったとわかることも多い。

♀牡牛座

体感できる、五感を通して楽しめるものを好み、食、音楽などで心身のバランスを回復させようとする。自分の納得できるものを丁寧に探していくため、ぴったりとフィットするものを見つけるまで時間がかかるが、一度それを見つけると長く楽しんでいく。楽しみに関するお金の使い方も、満足や喜びに重点を置き、吟味してからお金を使う。ただし、楽しいことにハマりやすく、場合によっては享楽的になることもある。

♀双子座

知的好奇心を刺激されるような事柄や人との交流を好み、そうしたことから精神面のバランス回復を行っていく。物事を楽しむことに関して、情報を駆使し、最も自分に適したものを探す。フットワークよく動いてそうした事柄を見つけ出し、体験することもある。楽しみに関するお金の使い方として、いろいろ探し、吟味してから選択しようとするが、手っ取り早くそれを楽しみたい気持ちもあり、手近なもので満足する場合も多い。

♀ 蟹座

身近な人たちとの交流や安心できる環境で物事を楽しむことを好み、心と体のバランスをとる。物事を楽しむときは、一緒に楽しい気持ちを共感できる相手がいることが大切で、一人よりも、誰かと一緒に活動しながら喜びを分かち合おうとする。楽しみに関するお金の使い方として、家族や仲間なども楽しめるものを探し、よい思い出がつくれるようにしていくが、相手の気持ちを優先して使いすぎてしまう場合もある。

♀ 獅子座

自分の心の湧き立つ何かや創造力を刺激されるものやことを求め、全身で楽しみながら心身のバランスをとろうとする。楽しいことがあるとそれにのめり込みすぎてしまうこともあるため、かえって疲れることも起こりがち。楽しみに関するお金の使い方については、自分の本質に関わるようなものであると感じたときは、勢いよく使う。その場のテンションの盛り上がりで高額なものを購入することもある。

♀ 乙女座

シンプルな美しさや繊細で整ったものを好む傾向があり、そうしたものを楽しむことで精神のバランスをとろうとする。健康や栄養面のバランスも大切にし、身体の安定から心のバランスをとっていくことも多い。自分なりのこだわりが反映されているものを楽しんでいく。楽しみに関するお金の使い方については、計画的にお金を貯め、適切に使おうとする。むだ使いや衝動買いなどは少なめ。どうしても欲しいものが出た場合は、自分にとってのメリットなどを細かく考慮し、そのうえで購入するかどうかを決めていく。

♀ 天秤座

デザイン性の高いものやセンスのあるものを好む傾向があり、客観的に美しさを感じられるものを求める。人と交流しながら物事を楽しむことを求め、人とのやり取りの中で自分のバランスポイントを確認し、心身を回復させていく。楽しみに関するお金の使い方として、金銭感覚としてのバランス性が発達しているため、使用頻度やすでに持っているものとのマッチングなど、さまざまな要素を適切に判断して、買うか買わないかを決める。

♀ 蠍座

人との深い関係性や、表面には見えない隠れたものの存在に喜びを感じ、そうしたものを探していく。洞察力を発揮して、わかる人にはわかるような楽しみ方をする。作成に時間のかかるものや、蓄積や忍耐を重ねて成果を得るようなことを楽しむ場合も多い。楽しみに関するお金の使い方は、心を根底から動かすものにお金を出す。大金がかかるようなものであっても、自分にとって必要であると感じたものは時間をかけてお金を貯め、購入する。人に貢献してお金を引き寄せることもある。

♀ 射手座

自分の精神を高めることや視野が広がるような事柄を楽しみ、常に成長を求めていく。時には人とゲーム的に競り合いながら、楽しい気持ちを高揚させていくこともある。旅行やスポーツなどを好む傾向がある。多くの人たちと一緒に何かを楽しむことも多く、自分から場を盛り上げていこうとする。楽しみに関するお金の使い方には、アバウトな傾向があり、勢いで使うこともある。勉強や意識向上に関連する事柄への消費も多い。積読《つんどく》本などが増える傾向もある。まわりにあおられるような形で衝動買いする場合もある。

♀ 山羊座

歴史や文化的なことに関心を持ち、日常の中で慈しむ。伝統にまつわる芸事、習い事などに関わったり、レトロ趣味を楽しんだりすることもある。娯楽的な分野の中でも、しっかりとした考えに裏づけられたもの、歴史的な背景があるようなものに信頼を置き、決められた約束事やルールも含めて楽しむ。楽しみに関するお金の使い方は、計画的で実《じつ》がある。むだにならないよう細心の注意を払う一方で、むだになったものがあっても、思いきりよくあきらめる潔さもある。伝統的な美を感じられるものを購入する傾向がある。

♀ 水瓶座

人とは違う何かを求め、自分オリジナルな何かを楽しんでいく。人との交流も多く、他分野に渡る広い人脈を持つが、関わり方がどんな相手であっても変わらない、誠意のある態度をとる。知的なものにも関心が高く、本を読んだり、何かを学んだりするときは、そのテーマをすべて網羅する勢いで楽しんでいく。楽しみに関するお金の使い方は計画的で、客観的視点から考察しながら使い方を決める。流行にあおられることなく、自分の楽しみを追求し、適切にお金を使う。

♀ 魚座

人との交流を大切にし、そうした交流の中にある繊細なやりとりを楽しむ。美的なものへの感受性も高く、感覚的に楽しめるもの（アートや音楽）を求める傾向。目に見えない世界に関するもの、スピリチュアルなものにも関心が高く、その世界を楽しむ。楽しみに関するお金の使い方は、心を揺さぶられるものを楽しみ、そうしたものを購入したり、みんなと楽しめる何かを求めたりする。ただ購入基準があいまいで、むだ使いしたり、あとでなぜこれを買ったのか？と自分でもわからない使い方をすることもある。

太陽☉の12サイン別傾向

太陽は公的な活動や人生そのものに関連する天体です。どのような方針で人生を生きていくのかが表れるため、人生観とそれにまつわるお金の使い方がみえるポイントといえるでしょう。ここでは12星座別に人生の方向性とそれにまつわる価値観、そしてそれに基づいたお金の使い方についてみていきましょう。

☉牡羊座

新しいものに関わり、先頭を歩むような人生を送ろうとする。自分の魂のままに生きようとする傾向もある。そのために自分でお金を稼げるよう努力し、積極的に動きまわる。人に競り勝つための情報や学びにお金を費やす場合も多い。

◎牡牛座

自分の才能や身体的な感覚を駆使して、自分のペースで人生を歩もうとする。またものやお金の価値判断を重要視し、それに見合った活動をしようとする。自分の人生に価値をもたらす何かに対して丁寧に吟味し、それを向上させてくれるものにお金を費やす。

◎双子座

多くの人の中で自分の知恵やフットワークの軽さを活用して、人生を歩もうとする。さまざまなものに意識を向け、人よりいち早くよい状況を得られそうなものをチェックし、価値を感じられればお金を使う。

◎蟹座

心の通じ合う仲間や家族などの身近な人たちとともに豊かな人生を歩むことを求める。仲間の輪を大切にし、それに必要だと考えられるような出費は積極的に行う。安心や安全にまつわる事柄に対して意義を感じ、お金を使う。

◎獅子座

自分らしさやオリジナリティーを重視し、そこに情熱を傾け、命の炎を燃焼させる。自分らしさを表現するためにお金を使う傾向がある。魂が震えるほどの何かに価値を感じ、出費するようなこともある。

◎乙女座

人の役に立つことを重視し、そのためにスキルを適切に使って人生を歩む。スキルアップのためにお金を費やし、物事をうまく進めるためのツールや器具などについても、よりよいものを求めようとする。

◎天秤座

他者と公平な関係をつくり、知的に物事を判断しようとする人生を送る。コミュニケーションを重視し、交際費や人との関わりにまつわる事柄にお金を使う。知性を磨くための学びや情報を得るようなことに対する出費も多め。

◎蠍座

自分にとって重要な事柄に集中し、特定の人物や集団と力を合わせて活動し、その中で自分自身も変容していく人生傾向。目的に向かって忍耐強く歩み、必要なもののみにお金をかけるが、場合によっては思いきりよくお金を使っていくことも。

◎射手座

自由さを前提に人生を歩み、自分の知性や教養を磨いていこうとする。自分を成長させるような学びや、旅などの見識を広げるような活動に意義を感じ、精神的な面で価値のあるものにお金を使う。

◎山羊座

社会の中で自分の能力に合った役割を担うような意識があり、それに対して誠実に向き合っていく人生傾向。社会の中での価値観が自分のお金にまつわるような価値観と連動しやすく、今の世の中の動向を伺いながら、意義あると感じられるものにお金を使う。

◎水瓶座

未来的な思考があり、先をみながら知的に物事を判断して生きていく。既存の社会の価値観を退け、自分で知識を得て、判断しながら自分にとって重要なものに価値を置いていく。人の交流や情報などに意義を感じ、お金を使う。

⊙魚座

多くの人の幸福を願い、そのために自分にできることを実行していく。場合によっては自己犠牲的にみえるが、もっと広い視点で物事を捉えて活動する。目に見えないものであっても、精神的に価値を感じられるものであればお金を使う。

土星♄の12サイン別傾向

土星はその人が考えている社会認識が表れる天体です。特に社会での大人意識、目指すべき大人像と関連するため、時にはプレッシャーや苦手意識と結びつきやすいかもしれません。「大人ならこうすべき」というところは、お金の流れをせき止めるようなブロックともなりえる要素です。ここでは、12星座別に**その人の社会認識と目指す大人の姿、そしてどんな思考がブロックになりやすいか**もみていきましょう。第4章も併せてご覧ください。

♄ 牡羊座

社会の中で自力で生きていくという社会認識を持っていて、自分の力で人生を切り開き、社会活動ができることが大人であると考えている。それがうまくできない場合、一人で何かをやり通すことに苦手感を覚えることが多い。自立できないとお金を得られないという考え方が、お金の流れをせき止めることになりやすい。

♄ 牡牛座

お金を稼ぐということを社会の中で意義あるものとみなし、自分でお金を稼げることが大人であると考える。お金を自力で稼いでいない場合は、それがコンプレックスになりやすい。このコンプレックスがこじれると「お金は汚い」などの観念が生まれやすく、お金の流れをせき止めることになりやすい。

♄ 双子座

さまざまな情報をうまく取り扱うことが社会の中で価値あるものとし、どんな知識や情報も知っていることが大人であると考える。知識不足を感じるようなときに、社会に生きる大人として不足を感じやすい。さまざまな情報にアクセスしようとするが、それをやりすぎると疲弊して、かえってお金の流れが滞ってしまうことになりやすい。

♄ 蟹座

まわりの人たちの気持ちをうまくつかむことが、社会活動の中で重要だと考え、人の仲裁や人の輪を保てるような人物を大人であると考える。人間関係でこじれるようなことがあったとき、社会で生きる大人として不全感を覚えやすい。そこから人の中で活動できない自分にはお金が入ってこないという観念につながり、お金の流れが停滞しやすくなる。

♄ 獅子座

自分のやりたいことを積極的に表現し、魂の求める活動を行うことを目指すべき大人像として捉え、自分らしく歩んでいくことを求める。そして人とは違うオリジナリティを打ち出せないようなときに、社会で活動する大人として要件を満たせていないように感じる。そこから経済活動に対しても消極的になり、お金の流れが滞りやすくなる。

♄ 乙女座

人の役に立つスキルを駆使して、どんな状況に対しても適切に対応できることに価値を置き、そうした人物を大人としてみなす。事務的な作業ができなかったり、細かいミスなどを見逃したりしてしまうようなときに、社会で生きる大人としての不足感を感じやすい。そこから仕事への意欲も低下し、お金の流れが停滞していく。

♄ 天秤座

物事のバランス性を重視し、他者とコミュニケーションをとりながら、積極的にやり取りして物事を進めていけるのが大人であると考える。人とのやり取りに関して、一方通行だったり、うまくコミュニケーションがとれなかったりするようなときに、実力不足を痛感し、大人としての役割を果たせていないように感じ、そこからお金の流れも滞りやすい。

♄ 蠍座

人と深く関わり、物事の裏側にあるものを確実に捉えて必要な行動を打ち出せることが、社会で生きる大人の必須要件と考える。人と関わる忍耐力が足りないように感じられたり、人に配慮がない振る舞いをしたりしてしまったとき、能力の不足を実感する。辛抱しなければお金を得られないという観念があると、お金の流れが停滞しやすい。

♄ 射手座

自分らしく自由に生き、人として成長し続けることが社会で生きるために重要であるとし、常に学び続け、博識であることが大人として必要な条件であると考える。そのため知識不足を指摘されたり、自分の成長が頭打ちになったりしてしまうように感じたとき、不全感を覚えやすい。進歩がなければ社会で生き抜けないという観念により、お金の流れが停滞しやすくなる。

♄ 山羊座

社会に積極的に関わりながら自分の役割をしっかりと果たすことが大人の条件ととらえ、求められる役割を丁寧にこなすことを自分に求める。仕事がうまくできず、役割を果たせない場合、そこから自己不全感に陥ってしまうことも多い。社会に居場所がなければ、お金を稼げないという観念を持ちやすく、そこからお金の流れが滞りやすい。

♄ 水瓶座

未来を見据えて、必要な情報を集め、知的に判断して生きていくことを大人の条件として捉え、さまざまな知識を得て、客観的に物事をみていくことを自分に課す。見通しが甘かったり、主観的になりすぎたりするようなときに、自分に対して不足感を覚える。その不足感からお金を得る力がないという観念が生まれ、お金の流れが停滞しやすい。

♄ 魚座

どんな人や物事に対しても心を寄せ、共感できることが社会にとって意義があることとし、どんなことに対しても心を開けるのが大人であると考える。そのため自分の心の狭さや身勝手な部分が顔を出すようなとき、人として足りないものがあるよう感じられる。そこから自分の価値を感じられず、お金を得ることなど無理であるように思え、お金の流れが停滞しやすくなる。

第3章

「自分とお金」「人間関係とお金」

ホロスコープから「お金との縁」を知る

ホロスコープを出したら、まずは自分のお金状況「ライフマネー」を知るところから始めましょう。「ライフマネー」は自分が生きるために、どんなふうにお金を得るのか、どんな使い方をするのかなど、その人にとっての基本的で身近なお金回りをみていくことができます。

これまでお伝えしたように、**2ハウスは自分の肉体や衣食住にまつわる物質的な状況をみていくことができるエリア**で、**お金と直結するハウス**といわれています。肉体、つまり生命を維持するために最低限必要なものは何かを示しています。したがって、生きるためのお金（ライフマネー）とみていくことができるでしょう。

そのほか、2ハウスは備わった**才能・能力**を示します。いざというときやお金を稼ぐ必要が出てきたときに、ここで示されている能力にまつわる仕事を選ぶことが多いでしょう。

ホロスコープからは、2ハウスのカスプ（境界線）が何座かをみていくことで、ライフマネー（お金の得方、使い方など）の基本傾向をみることができます。さらに2ハウスに天体が入っている場合もあり、こうした天体の性質もライフマネーの傾向に加わります。金星が入っていれば、日用品などを買う際、実用一点張りというよりも、かわいさや面白さも重視していきます。土星が入っていれば、耐久性があり、保証のしっかりとしたものを選ぶでしょう。

122－123ページのサンプルのホロスコープを例にとり、2ハウスカスプの星座と2ハウスに入っている天体の見方を解説します。

①図内の矢印の部分を見て、2ハウスのカスプが何座かをみてください。「2ハウスカスプの星座からわかるライフマネー傾向（124ページ）」で同じマークがある星座の項目を読んでください。

②太線で囲まれた2ハウスエリアの中にある天体のマークを確認します。「2ハウスにある天体で知るライフマネーへの意識と行動（130ページ）」で、それと同じマークがある項目をを読んでください。ただし、天体が入っていない場合は、①の要素が強く出ます。

サンプルホロスコープでライフマネーの傾向を知る

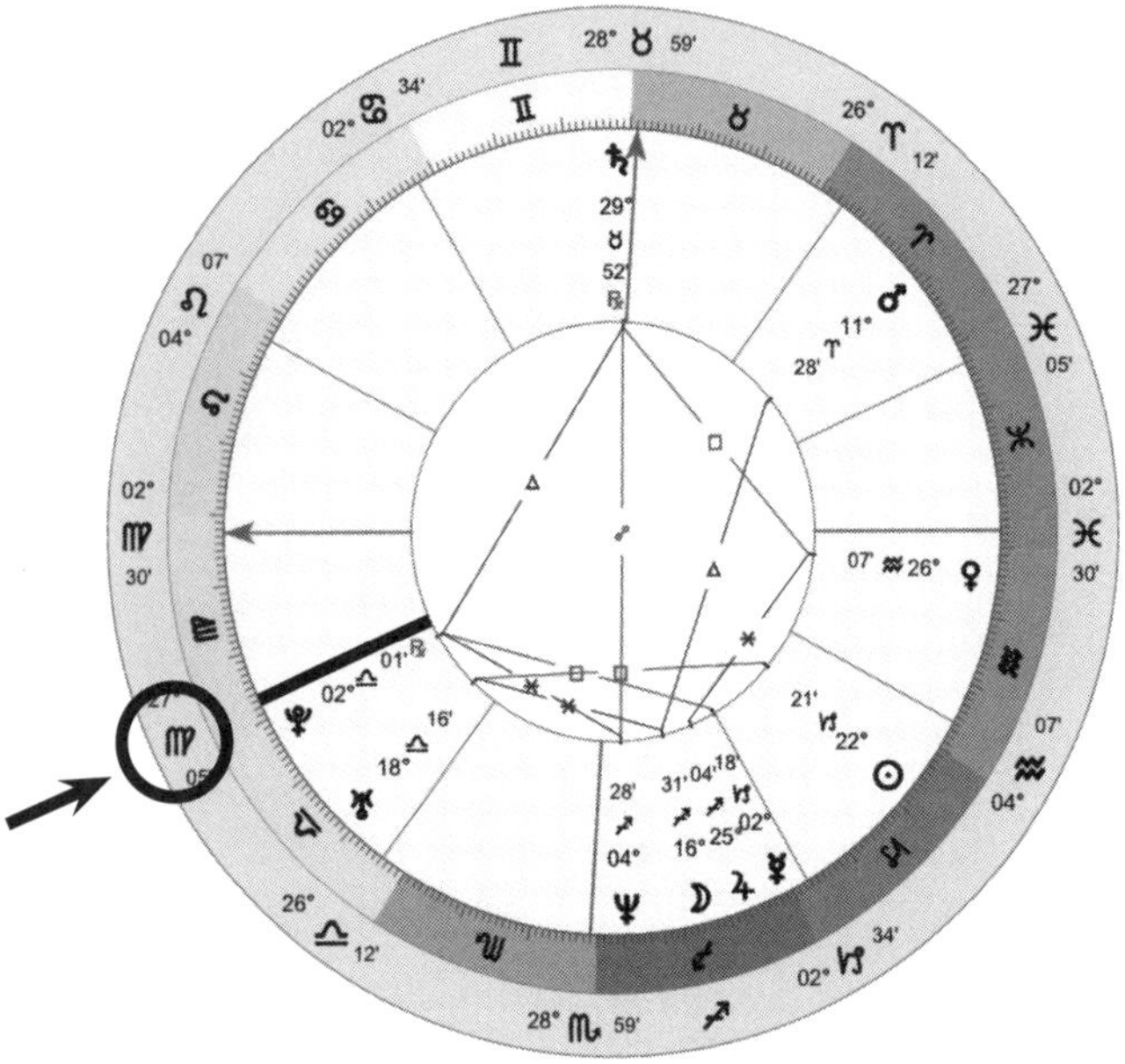

①矢印の部分のマークが何座のマークかを確認してください。それと同じマークがある項目を**「2ハウスカスプの星座からわかるライフマネー傾向（124ページ）」**から読んでください。

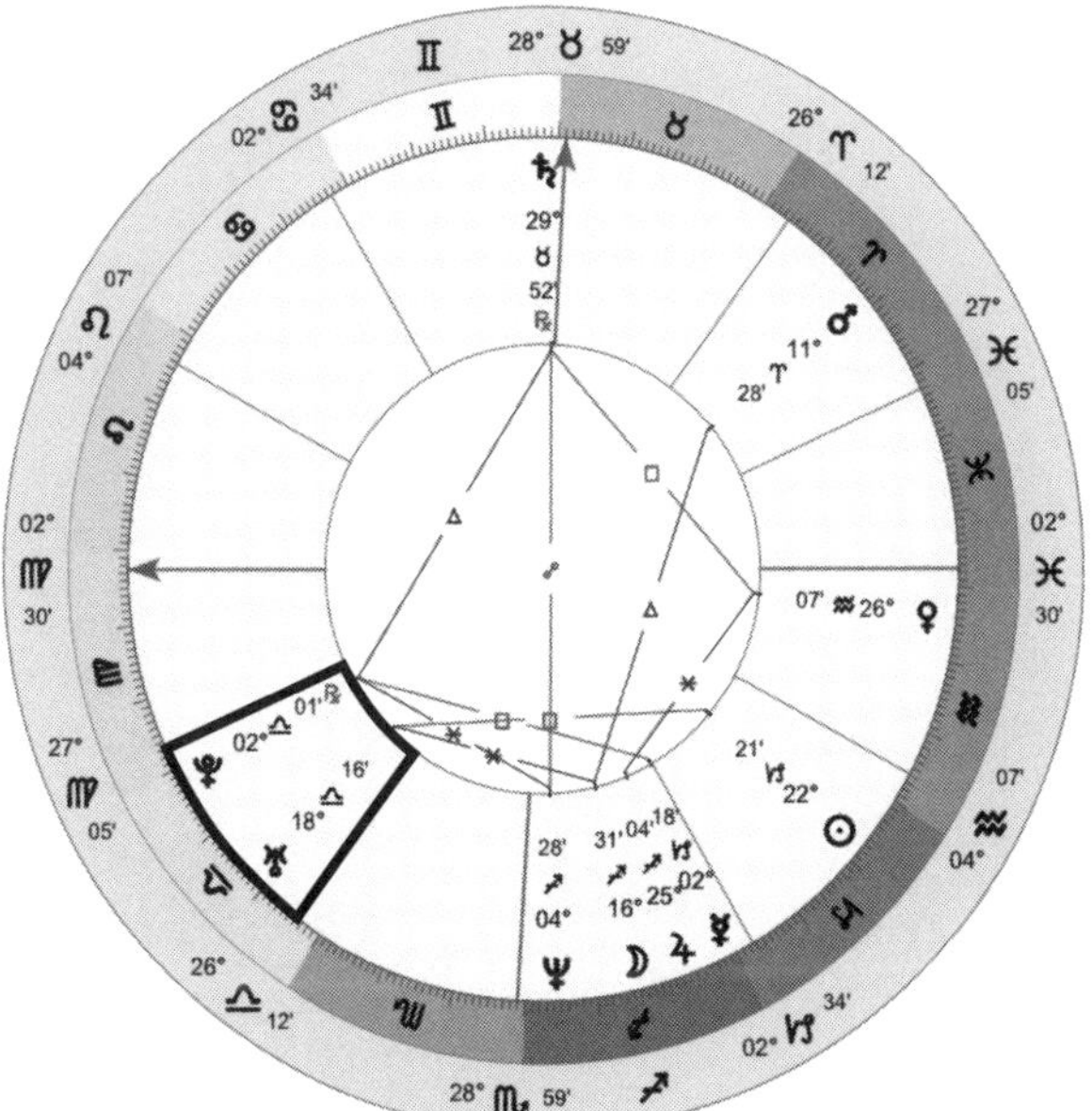

②太線で囲まれた２ハウスエリアの中にある天体のマークを確認します。**「２ハウスにある天体で知るライフマネーへの意識と行動（130 ページ）」**で、それと同じマークがある項目を読んでください。ただし、天体が入っていない場合は、①の要素が強く出ます。

2ハウスカスプの星座からわかる ライフマネー傾向

♈

★2ハウスカスプの星座が牡羊座の場合

お金に関する行動は俊敏で、使い方もその場で素早く判断します。直感的にものを買ったり売ったりすることが多いかもしれません。新しいものや新製品をみると手に入れたい気持ちが高まり、それを、お金を稼ぐモチベーションにすることもあるでしょう。何かを開拓する才能や、素早く単独で動く才能があり、自由な活動の中で収入を得ていきます。自立的な仕事・収入にも関連深いでしょう。

♉

★2ハウスカスプの星座が牡牛座の場合

色や形などをしっかりと確認して長く使えるものを購入しようとするため、時間をかけて吟味して購入を決めます。自分の五感が納得するものを手に入れようとする傾向もあるでしょう。その一方で、手元のものを処分しないので、ものは増えがちかもしれません。身体に根づいた五感や運動感覚を才能として発揮し、それを収入につなげていくこともできます。自分のペースを大切にしながら着実にお金を得ていくでしょう。

♊

★2ハウスカスプの星座が双子座の場合

状況判断しながら適切にお金を使います。情報を集めたり、比較したりしながら、最も適したものを手に入れようとするでしょう。フィットするのであればチープなものでも構わないようです。一度気に入った形に関してカラーバリエーションを購入しがちなため、ものが増える傾向もあるでしょう。数値や情報などデータを扱う能力があり、流動性のあるものを観察し、適切に対応する才能などを活用し、それを収入としていくでしょう。

♋

★2ハウスカスプの星座が蟹座の場合

安心を基準にお金を使っていきます。身近な人が使っていてよいものであるといわれたものを手に入れようとしたり、長く親しんだなじみのあるものを繰り返し購入したりする傾向があるでしょう。新製品などで冒険するのは苦手かもしれません。チームや身近な人の気持ちを察する才能があり、橋渡し役になることも多いようです。さらに人の動きを真似る能力や人に同調する才能などを活かして、それを収入につなげていくでしょう。

♌

★2ハウスカスプの星座が獅子座の場合

自分の目的に照らし合わせて、後悔のないようにお金を使います。自分の心が光り輝くような何かを求めて購入したり、モチベーションを高めるものを好んで手に入れようとしたりする傾向があるでしょう。高い表現力と創造性があり、それを発揮して人目を引くような何かを打ち出し、仕事で活用していきます。プレゼンテーションやアピールしていく才能も高いので、それらを収入につなげていくとよいでしょう。

♍

★2ハウスカスプの星座が乙女座の場合

細やかに物事をみて、納得できるものにお金を使います。実用的な役立つものを手に入れたい気持ちが強く、シンプルなものや機能的なものを好む傾向もあるでしょう。細かい値段の差をチェックして、コストパフォーマンスのよいものを選び取ります。お金の使い方も計画的で、むだ使いもあまりないようです。状況を整理して適切に進行させる才能や、細やかに物事をみる観察力があり、それを活用して収入を得るでしょう。

♎

★2ハウスカスプの星座が天秤座の場合

バランス感覚があり、それをうまく活用してお金を使います。自分の美的センスを駆使して、自分自身に調和をもたらすものを好み、購入していくでしょう。人との関わりを求めるため、交際費がかかりやすいかもしれません。対人的なセンスや美的なバランス感覚が才能として備わっていて、仕事の中でそれを活用します。交渉力、対話力などの才能も優れ、それらを収入につなげていくでしょう。

♏

★2ハウスカスプの星座が蠍座の場合

自分や自分のまわりの人たちにとってメリットがあると感じられるものに対して、じっくり考えたうえで適切にお金を使います。大切な人のためにものを買うことも多く、それにより関係を深めて安心を得るでしょう。ただし相手の求めに応じすぎて、散財することもあるかもしれません。時間をかけて相手の変化を促す才能や忍耐力を持ち、徹底的に行う能力もあるため、そうした力を活用して、収入につなげていくでしょう。

♐

★2ハウスカスプの星座が射手座の場合

精神の広がりを感じられたり、向上心を刺激されたりするものに価値を感じ、お金を使います。ただしお金の扱いはあまり細かくはなく、おおざっぱかもしれません。外国産のもの、輸入品、みんなと楽しめるもの、盛り上がるものなどを好むでしょう。自分や人を高めていく力や人を受け入れる度量の広さが才能としてあり、それらを収入につなげていくことも多いようです。教育関係の仕事などにも適しているでしょう。

♑

★2ハウスカスプの星座が山羊座の場合

お金に対しては計画的で、全体の状況を確認し、必要なものを吟味してお金を使うでしょう。社会的に信頼のある製品や、歴史を持つ、あるいは定番的なものに価値を感じ、手に入れようとするようです。一度買ったものは長く使用し、必要に応じて買い替えもします。冒険することはあまりないのですが、ルールにのっとって適切に物事を動かす才能や、具体的に物事をみてシステムを形成する能力があり、それを収入につなげていくでしょう。

♒

★2ハウスカスプの星座が水瓶座の場合

お金に関しては長期計画的にみて、情報を活用しながら進めていきます。客観的な視点を持ち、広い範囲でリサーチしたのちに必要なものを購入するでしょう。ただしっかりとリサーチしたうえで、さらに吟味するため、選択に時間がかかる傾向もあります。人と交流することを好むので交際費はかさむかもしれません。客観的に物事をみる才能や、広い人脈を駆使してさまざまなことを実行する能力があり、それを収入につなげていくでしょう。

♓

★2ハウスカスプの星座が魚座の場合

お金に関しては流動的で、その場にあったものやみんなのために必要と思えるものにお金を使います。感覚的によいと感じたものを購入し、未知のものや一見怪しいものにも興味を持つため、うっかりむだ使いをしてしまう場合も多いでしょう。エネルギーや感性など目に見えない何かに価値を感じて購入することもあります。感性から物事を判断する能力や、目に見えないものやエネルギー的なものを扱う才能があり、それを収入につなげていくでしょう。

2ハウスにある天体で知るライフマネーへの意識と行動

複数の天体が入る場合もあります。複数入る場合は、該当する天体の解説をすべて読みましょう。

★2ハウスに月が入る場合

月は生活や安心に関連する天体であるため、2ハウスに月が入ると、日常生活をより潤いのあるものにするためにお金を使ったり、安心に関する備えを重視したりする傾向が出てきます。人と共感できる才能があり、女性や子どもへのセンスが鋭く、それを活かしてお金を得ることもあります。食に対するこだわりも出やすく、納得いくものを探してお金を使おうとするでしょう。主にどんな傾向のものを好むかは月が何座にあるかで変わってきます。「月の12サイン別の傾向（91ページ）」も参考になさってください。

☿

★2ハウスに水星が入る場合

水星は工夫、道具、情報などに関連するため、2ハウスに水星が入ると、お金に関するさまざまなことをやりくりしたり、適したツールの購入や情報機器の質を重視したりして、よりよいものを買おうとするでしょう。知的な面やコミュニケーションの才能からお金を得ることもあります。お金に関する記録をつける傾向もあるので、金銭管理はしっかりしている場合も多いようです。主にどんなやり方で進めるかは、水星の星座によって変わってきます。

♀

★2ハウスに金星が入る場合

金星は物事を楽しんだり、人と交流することに関連する天体であるため、2ハウスに金星が入ると、楽しいものの購入や体験を求めてお金を使います。美的センスを才能として発揮し、それにまつわることでお金を得ることもあるでしょう。楽しみのために浪費しがちな傾向もありますが、それによって元気になれるので、むだ使いに気をつけながら、重要な経費として考えていくとよいでしょう。どんなふうに物事を楽しむかは、金星の星座によって変わってきます。「金星の12サイン別傾向（98ページ）」も参考になさってください。

☉

★2ハウスに太陽が入る場合

太陽は人生の目的や公的な活動に関連する天体であるため、2ハウスに太陽が入ると、ものやお金、金融などに関わる生き方を求め、身体に関すること、ものづくりなどに関わりやすいようです。自分の納得できる生き方を求め、丁寧にそれを打ち出していくでしょう。ものの売り買いについては、目的に沿っていて、自分にとって必要なものであれば、迷わず購入します。どんなものに価値を置き、購入するかは、太陽の星座によって変わってくるでしょう。「太陽の12サイン別傾向（105ページ）」も参考になさってください。

♂

★2ハウスに火星が入る場合

火星は集中力や他者に差をつけ、相手を退ける力に関連する天体であるため、2ハウスに火星が入ると、人に勝つためにお金を使ったり、お金そのものに熱くなったりする傾向が出てくるようです。集中力や行動力を才能として持つため、活発に動いたり、何か専門的な活動でお金を得たりすることもあるでしょう。ただし何にでも勢いがあるため、気持ちが高揚しているときや落ち込むようなときにあれこれとものを買うようなことがあるため、浪費や衝動買いも多いようです。どんなものを買うとテンションが上がるかは、火星の星座によって変わってくるでしょう。

♃ ★2ハウスに木星が入る場合

木星は教育や精神的な成長に関する天体であるため、2ハウスに木星が入ると、お金の使い道もそのような分野が多くなるようです。善の意識、自分にとって善いと思えることを自然に積み重ねていくと、それが幸運につながります。2ハウスに木星が入る場合、その積み重ねが才能という形で発揮され、お金を得ることも多いでしょう。ただ、善の意識は自分にとって自然すぎて、何がお金に結びついているのか、わかりにくいかもしれません。才能として発揮される詳細については、木星が何座にあるかをみるとよいでしょう。

♄ ★2ハウスに土星が入る場合

土星はルールや安定性・長期的な視点と関連する天体であるため、自分の生活や人生を安定させるようなものにお金を使うでしょう。収入源についても、確実で安定したものを求めていきます。ただし、土星は安定を求める気持ちが強く出てしまうことから不安を感じやすく、安心する金額には足りないと思えることが多いかもしれません。お金に対する手がたさはありますが、不安から財布のひもが必要以上にかたくなり、冒険を避ける傾向も出てきます。どんなことを重視するかについては、土星が何座にあるかをみていくとよいでしょう。「土星の12サイン別傾向（111ページ）」も参考になさってください。

♅

★2ハウスに天王星が入る場合

天王星は自立や独立、突発的な変化、テクノロジーに関する天体であるため、自分の独自性を示せるものにお金を使うでしょう。独立・開業や、テクノロジーに関するセンスを発揮して収入を得ることもあるようです。収入源や仕事のスタイルが急に変わることもあるでしょう。急に何かが欲しくなるようなこともありますが、情報やネットをうまく使うこともできるため、買い物での失敗は少ないようです。

♆

★2ハウスに海王星が入る場合

海王星は夢や幻想、目に見えない事柄に関連する天体であるため、夢を感じられるものや、スピリチュアルに関連するような、怪しい何かにお金を使っていくでしょう。霊的な能力を持っていて、それを収入につなげ、仕事の場でも直感を発揮することがあるでしょう。何かに導かれるように思いがけない大物を買ってしまう場合もありますが、あとあとそれが必要なものだった……などということもあるようです。

♇ ★2ハウスに冥王星が入る場合

冥王星は極端さやカリスマ的な力、忍耐力に関連する天体であるため、普段は我慢して何かに耐え、その反動として大きなものを購入することなどが起こるかもしれません。才能として忍耐力を発揮し、特定のことに徹底的に取り組み、専門的な能力を駆使してお金を得ることも多いでしょう。収入に関する振り幅が大きい場合があり、全く入らないときもあれば、大金が舞い込むようなこともあるようです。ただし、頻度的にはいつもというわけではなく、人生の中でそうしたことが2～3度起こる程度でしょう。

人間関係にまつわるお金の状況を知る

2ハウスのちょうど反対側の8ハウスは、対人関係にまつわるお金の状況を示す場所です。ここでは、人の関係の中から生み出されるお金の状況が示されます。

食い扶持を自力で稼ぐやり方が2ハウスであるのに対して、8ハウスはどこかに帰属したり、所属したりしながら、その集団の目的に沿って動くことでお金を得ることができる場所です。集団ではなく、特定の人物（配偶者や遺産相続に関連する人）ということもあります。

たとえば集団ということであれば、会社のような場所がそれにあたり、会社の目的に沿って活動して給料をもらったり、福利厚生などを得たりすることにもなります。個人であれば、専業主婦、専業主夫の立場で、別に家計を稼いでくる相手がいる場合などがこれにあたります。稼いでくる相手の気持ちを読み取って、お金を使っていくことになるので、あまり自由にならない場合も多いでしょう。

8ハウスは遺産などにも関連するので、遺産をくれる人（くれる予定の人）の意向に沿って動く、相手を大切にすることも関連づけられます。

こうした相手や場のあり方に合わせるという点で、ここにまつわるお金は**「関係性マネー」**と呼ぶことにします。関係性マネーは自分では自由にならず、場合によっては相手のムードを読み、それに沿って動いてお金を得る場所です。好きにやれない息苦しさはありますが、その一方で、2ハウスの示す自分に才能や能力以上の何かを得られる場ともいえます。ここを活発に使うことでお金が流れる川の幅が広がっていくのです。

2ハウスと8ハウスは、「自分のお金」と「相手のお金」という違いがあります。2ハウスが自分のわがままな部分であれば、8ハウスは相手のわがままな部分であり、それに合わせる必要があるため、自分にとって居心地が悪くなる要素となります。

西洋占星術では、死と結びつけられるハウスとされていますが、本当に死ぬわけではありません。自分の生命活動優先ではなく、相手優先であるために、自己の死（自分の好きなようにできない）と関連づけられているのでしょう。

ホロスコープの中の8ハウスのカスプ（境界線）が何座かをみていくことで、どんな人（人たち）と関わるか、集団の中でどんな役割を担うか、そしてそれがお金を得ることにつなげられるかなどの基本傾向をみることができます（141ページ参照）。人と関わり、さらに相手の気持ちややりたいことに沿って動くとお金の流れがより太くなっていくので、関わる相手や集団を確認し、関わり方もチェックしていってください。

8ハウスに天体が入っている場合は、その天体の性質も関係性マネーの傾向に加わります。金星が入っていれば、相手を楽しませたり、相手の意向に沿う何かを提案したりしてお金を得ます。土星が入っていれば、相手や集団の動向を確実に捉え、それに沿った動きを着実に進めて、お金を得ることができるでしょう。（150ページ参照）

サンプル図の見方

サンプルから8ハウスカスプの星座と8ハウスに入っている天体を確認していきます。

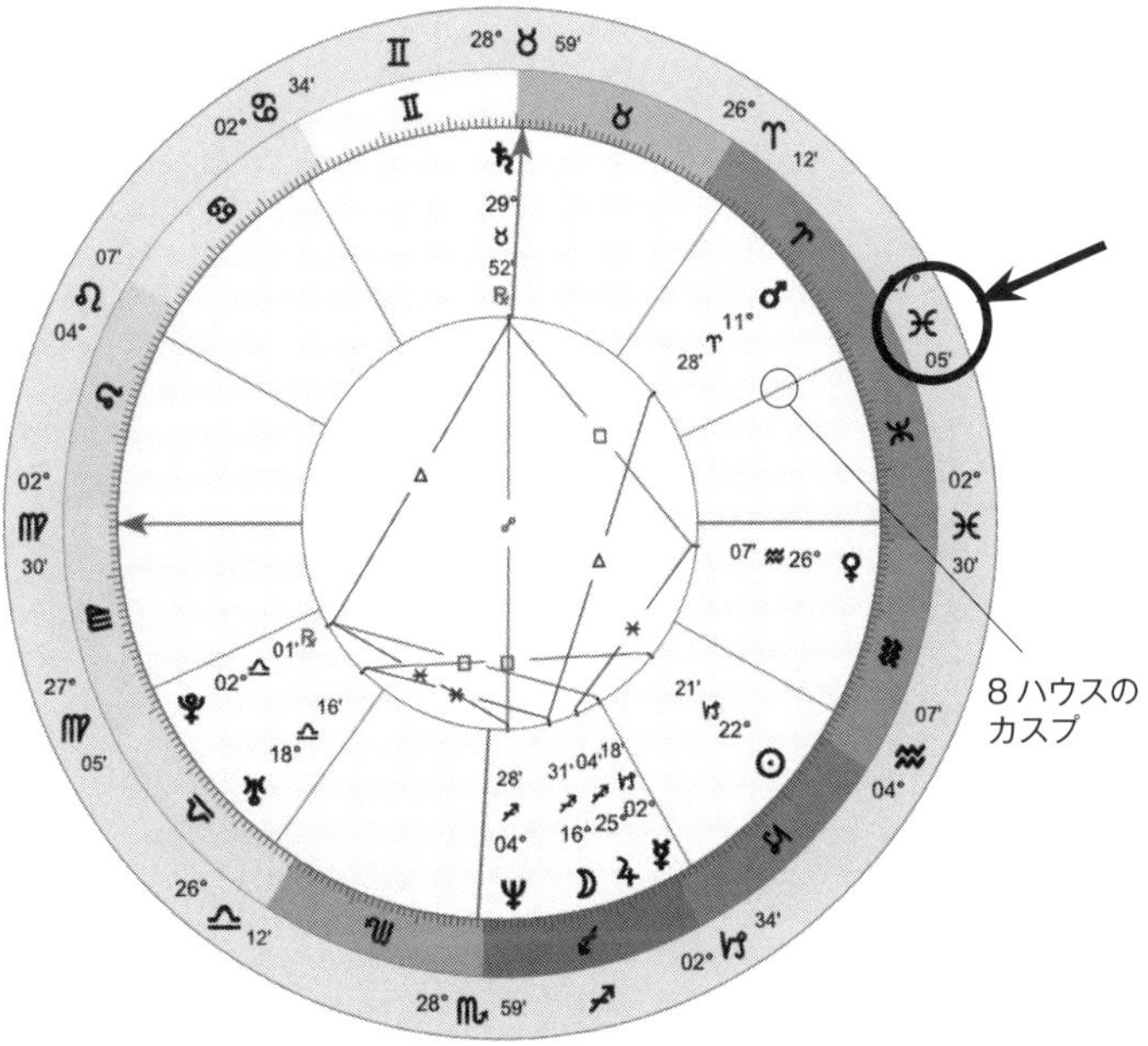

①矢印の部分のマークが何座のマークかを確認してください。それと同じマークがある項目を**「8ハウスカスプの星座からわかるお金にまつわる対人傾向（141 ページ）」**から読んでください。

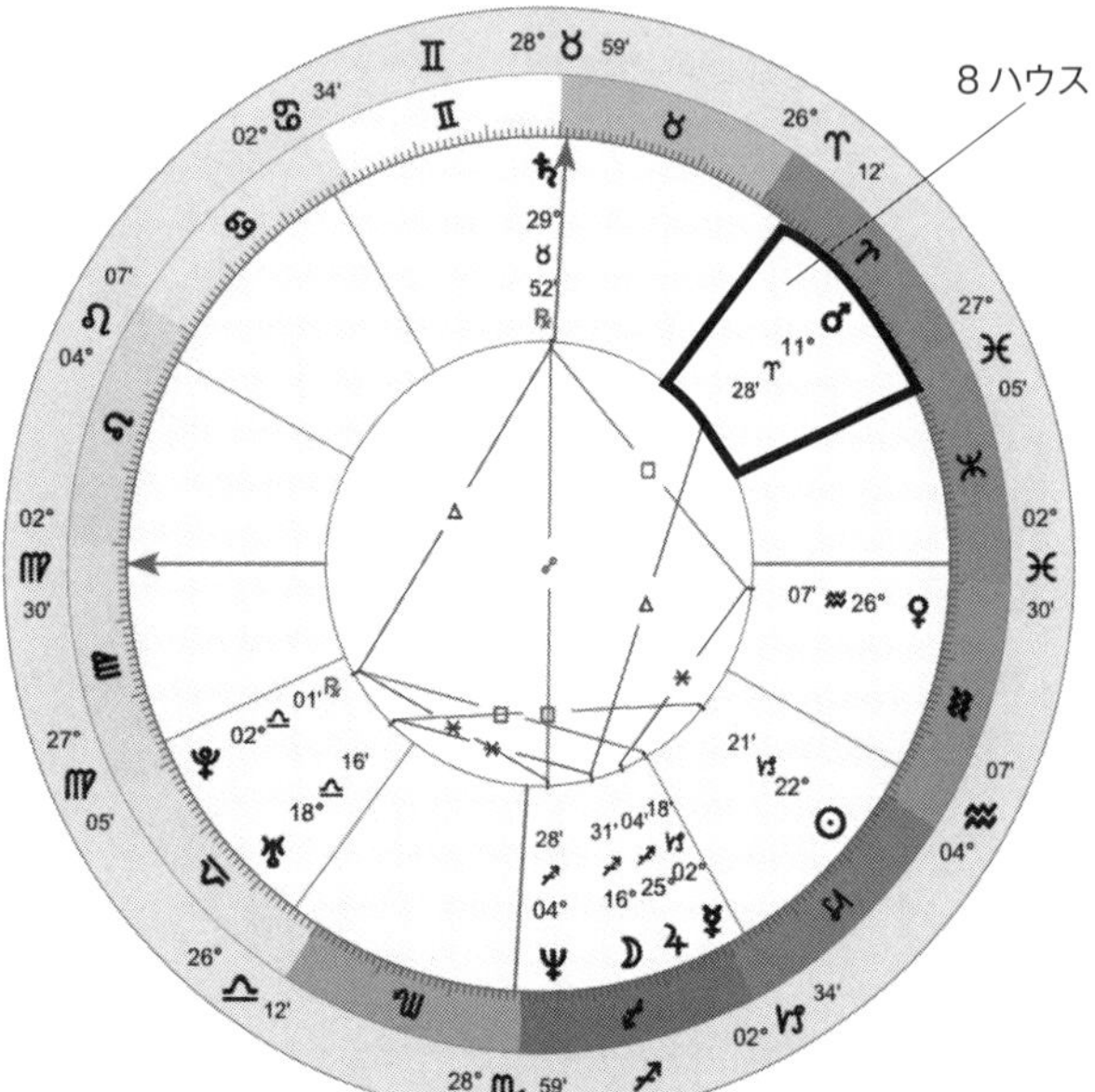

②太線で囲まれた８ハウスエリアの中にある天体のマークを確認します。それと同じマークがある項目を**「８ハウスに入っている天体で知るお金と人づき合い」**から読んでください。ただし、天体が入っていない場合は、①の要素が強く出る形になります。

※サンプルは、８ハウスのカスプの星座が「魚座」で、８ハウスに入っている天体が**「火星」**なので、**「８ハウスカスプの星座からわかるお金にまつわる対人傾向」**の**「魚座」**の項目と、**「８ハウスに入っている天体で知るお金と人づき合い」**の**「火星」**の項目を読むことになります。

8ハウスカスプの星座からわかるお金にまつわる対人傾向

★8ハウスカスプの星座が牡羊座の場合

わがままな人や活動的な人たちと関わり、そうした人のサポートをすることでお金の流れを広げることができるでしょう。

たとえば、専業主婦や主夫であれば、わがままな配偶者のご機嫌をとって自分の自由になるお金を手に入れたり、職場の活動的な人が新しいアイデアなど出してきたときに、協力を惜しまないことで、グループや会社の業績が上がり、収入が上がる……ということにつながります。

集団の中にあっても、自律的に動いて自分で成果を上げ、新しい事柄に最初に飛び込んで、言い出しっぺの役割を担うことでも、お金を得る流れへとつなげていけます。状況に対して即応していく姿勢も大切でしょう。

♉

★8ハウスカスプの星座が牡牛座の場合

マイペースな人や才能のある人、じっくり物事を考えて進めるような人たちと関わったり、そうした人たちの気持ちに合わせて行動することで、お金の流れを広げることができるでしょう。

たとえば、才能があるアーティストのマネージメントを請け負い、外部との交渉や実務部分を補えば、人気に火がつくこともあるでしょう。ほかにも、研究者タイプのじっくりと進める人物の補佐を務め、まわりの人たちの間に立つと、スムーズに物事が進み、チームの業績が上がれば正当な対価を得るなどということもありそうです。

集団の中で現実的に物事を考えたり、粘り強く物事に取り組むような姿勢をみせていくことでも、お金を得る流れへとつなげていくことができます。自分の感覚を大切にしていきましょう。

♊

★8ハウスカスプの星座が双子座の場合

好奇心旺盛な人や考えがコロコロ変わりやすい人、人員や状況が変化しがちな集団と関わり、そうした人たちを気使いながら行動することで、お金の流れを広げていけるでしょう。

たとえば、社内のムードメーカーとなり、好奇心旺盛な人の話を聞いて場を盛り上げ、さらにやる気を出させるのがうまく、そのおかげでチームの業績を上げることができるでしょう。人員が変化しがちな集団でも変化を踏まえて場のモチベーションをキープすることも得意なので、人事などの仕事も向いています。

集団の中で積極的に発言したり、情報を集めてそれを人に伝えるような役割を担ったりすることでも、お金を得る流れへとつなげていけそうです。情報アンテナに引っかかった何かに素直に反応していくとよいでしょう。

♋

★8ハウスカスプの星座が蟹座の場合

身内意識の強い人や思いやりある人たち、集団に同調していくことを求められる場で、まわりのムードを読み取りながら求められる行動をとり、お金の流れを広げていけるでしょう。

たとえば、このタイプは大企業なら結束力の強い部署や、アットホームな職場環境で働ける小規模の会社や事務所、店舗が向いています。仕事を持っていなくても、家族思いの配偶者の両親を大切にすることで、配偶者やその両親に大切にされ、そこから自由にできるお金を手に入れるようなこともあるようです。

集団の雰囲気がよくなるように、こちらから働きかけたり、まわりの人たちの仲裁役などを担ったりすることでも、お金を得る流れへとつなげていけそうです。なるべく波長を合わせて関わっていくことが大切でしょう。

★8ハウスカスプの星座が獅子座の場合

自己主張の強い人やアーティスト気質な人たちと関わったり、支えたりすることで、お金の流れを広げていくことができるでしょう。

たとえば、強く自己主張してくる人の発言に捕捉を入れて周りの人に解説し、チームでの活動を円滑にする才能で、政治家や企業の役員などの秘書として頼りにされるでしょう。アーティスト気質な人のマネージメントをしてお金を得るようなこともあるようです。

集団の中では推進力となって、みんなの気持ちを盛り上げ、自分の得意分野を表現していくことでも、お金を得る流れへとつなげていけるはずです。わがままな人物に振りまわされることもありそうですが、表面的な態度ではなく、心の奥にあるその真意をつかむよう心を研ぎ澄ませていきましょう。

♍

★8ハウスカスプの星座が乙女座の場合

きちんと丁寧に作業する人や物事を細かくチェックしながら進めるような人たちと関わり、そうした人たちの潤滑油となることで、お金を得る流れへとつなげていけるでしょう。

たとえば、細かくチェックしながら進める人の指摘から雰囲気がギスギスしないようよいムードをつくり、チームとしての業績を上げて給料に反映されることもあるようです。段取りがものをいう結婚式場のプロデュース、サービス業などは顧客からの信頼を獲得できます。緻密にものを考えられるので、口うるさい上司ともうまくやれそうです。

集団の中で事務作業や細かい実務仕事を担うことでも、お金を得る流れへとつなげていけそうです。相手が何を不安に思っているのか、どうすれば安心できるのかなどを読み取ることも重要な鍵となるでしょう。

♎

★8ハウスカスプの星座が天秤座の場合

センスのある人や積極的に意見交換するような集団と関わり、そうした人たちの投げかけにしっかりと応答していくことで、お金を得る流れへとつなげていけるでしょう。

たとえば職場などでセンスのある人に対してそれを積極的に褒めてやる気を出させるようなことや、意見交換の際に自分の意見もしっかり述べながらやり取りを白熱させることで場の雰囲気を盛り上げ、チームの業績アップのためのモチベーションを高めていくこともあるようです。

集団の中で対話を活性化していくようなムードをつくり、客観的な情報をベースに話し合いをしていくような動きへ導くことでも、お金を得る流れへとつなげていけそうです。公平性と客観性を意識していくことが大切でしょう。

♏ ★8ハウスカスプの星座が蠍座の場合

慎重で秘密主義の人や、独自ルールがあったり、拘束力の強い集団と関わったり、そうした人たちの心の奥をきちんと踏まえて相手のニーズを満たすことで、お金を得る流れへとつなげていけるでしょう。

たとえば口数の少ない配偶者の気持ちを読んで、相手がやってほしいと思っていることを静かに実行し、十分なおこづかいや、豪華なプレゼントをもらうこともあるかもしれません。また強い結束力のある集団のルールに静かに従いながら着々と仕事を進め、チームでよい成果を上げることもありそうです。

集団の中で特別な技能を発揮し、根回しなどしてうまく結果につなげていくような役割を担うことでも、お金を得る流れへとつなげていけそうです。忍耐力が必要とされる場合もあるでしょう。

♐

★8ハウスカスプの星座が射手座の場合

おおらかでアバウトな人たちや、スポーツやゲーム、教育などに関連する集団と関わり、そうした人たちの不備を補い、サポートをしていくことで、お金を得る流れへとつなげていけるでしょう。

たとえば、おおらかでアバウトなチームの中で実務的な部分を担って貢献したり、自分から意見を述べて改善を促したりすることから、経理や総務のような仕事で実力を発揮できるでしょう。チームリーダーとしても部下の信頼を勝ち得ます。

集団の中でみんなを盛り上げてムードをつくったり、何かを教えるような役割を担ったりすることでも、お金を得る流れへとつなげていけるようです。常に学ぶ姿勢を持つことが大切でしょう。

♑

★8ハウスカスプの星座が山羊座の場合

真面目できちんとした人や、守るべきルールやしくみがあるような集団と関わり、そうした人たちのメンタル面や気持ちの部分を拾いながら活動することで、お金を得る流れへとつなげていけるでしょう。

たとえば真面目な配偶者に対して疲れていないか気使って丁寧に対応していくことで、相手から感謝されます。思いやりのある態度を家庭だけでなく、職場で発揮すると、みんなの心が通い合ってチームがまとまり、業績を上げるようなこともあるようです。

集団を仕切り、現実的な観点から必要な活動を行なっていくことでも、お金を得る流れへとつなげていけるはずです。その場のルールを熟知することも大切でしょう。

♒

★8ハウスカスプの星座が水瓶座の場合

ネットや機械類に強い人たちや、海外や新しいしくみを取り入れているような集団と関わり、そうした人たちとしっかりとコミュニケーションを取りながら活動していくことで、お金を得る流れへとつなげていけるでしょう。

たとえば、頭がよく仕事はできても自己主張できない人たちの気持ちに寄り添えるため、SEや職人の多い職場などの管理、世話役のような役割で、まわりの人の信頼を集めることができるでしょう。昇進も見込め、収入アップにつながるようなこともありそうです。

客観的な視点から意見を述べ、相手の求めに応じた適切な情報を提供することでも、お金を得る流れへとつなげていけるはずです。すべての情報に目を通し、活用していくことが鍵となるでしょう。

♓

★8ハウスカスプの星座が魚座の場合

感受性が高く、共感力の高い人や、目に見えない事柄やセラピー、アート的な活動に関連した集団と関わり、そうした人たちのニーズを読み取り、実務面などでサポートしてくことで、お金を得る流れへとつなげていけるでしょう。

たとえば、人のために動きたいのにどうしてよいかわからない人たちのために経済活動に絡めたしくみをつくってサポートなどできるでしょう。アート活動をする集団で事務作業を担い、売れるグループに仕立て上げて自身の収入も大きく増やすことも可能です。

まわりの人たちの気持ちを汲み取りながら、相手や自分がともに幸せになれる道を意識して活動していくことで、お金を得る流れへとつなげていけそうです。直感として感じ取ったものを大切にしていくとよいでしょう。

8ハウスにある天体で知るお金と人づき合い

★8ハウスに月が入る場合

月は生活や安心に関連する天体です。8ハウスに月が入ると、安心を得るために人の気持ちを敏感に感じ取り、相手の感情の波が穏やかになるよう対応していくでしょう。大切な人物に対する共感力が高く、相手が何も言わないうちに察して動いてしまうこともあるかもしれません。

関わる集団に対しては、場の雰囲気をよいものにするために尽力するので、まわりから信頼を得、それが収入増につながることも多そうです。ただしストレスも溜まりやすいので、発散する機会を持つとよいでしょう。

★8ハウスに水星が入る場合

水星は工夫、道具、情報などに関連します。8ハウスに水星が入ると、相手の状況に配慮して、さまざまなことをやりくりしたり、コミュニケーションをとって関係を円滑なものにしたりしていくことが多いでしょう。
関わる集団に対しては、物事がスムーズに進むように話をまとめる役割を担い、状況の調整を行っていきます。そこからまわりの信頼を得て、収入アップにつなげていくことも多いようです。

♀

★8ハウスに金星が入る場合

金星は物事を楽しんだり、人と交流することに関連する天体です。8ハウスに金星が入ると、相手の気持ちを読み取って、楽しいムードをつくり、よい関係をつくっていく潤滑油のような動きをしていくことが多いでしょう。
関わる集団の中ではそれぞれの人たちのパワーバランスを調整したり、調和をもたらしたりするために動きまわる傾向もあるようです。よい雰囲気になるよう尽力することで信頼を得て、そこから収入を得るでしょう。

☉

★8ハウスに太陽が入る場合

太陽は人生の目的や公的な活動に関連する天体です。8ハウスに太陽が入ると、人との深い関わりの中で自分の人生をつくり上げ、まわりの人たちが生き生きと過ごしていけるよう尽力していくことが多いでしょう。
関わる集団の中では活動内容が有意義なものになるよう、自分なりに頑張ったり、積極的に人に認められたりするよう動いていくようです。前向きな姿勢に信頼が集まり、そこから収入を増やしていくことになるでしょう。

♂

★8ハウスに火星が入る場合

火星は集中力や他者に差をつけ、相手を退ける力に関連する天体です。8ハウスに火星が入ると、相手の気持ちの深い部分を鋭く読んだり、そのうえで自分なりにできることを考えて行動していくことが多いでしょう。
関わる集団の中では、リーダーシップをとり、まわりの人たちを鼓舞するような役割を担いやすいかもしれません。みんなを率いて積極的に活動していく姿に信頼が集まり、そこから収入を増やすようなことになるでしょう。

♃

★8ハウスに木星が入る場合

木星は教育や精神的な成長に関する天体です。8ハウスに木星が入ると、人の気持ちをサポートしたり、善意から人の成長を後押ししたりするような振る舞いをしていくでしょう。

関わる集団の中では、まわりを教育する役割を担ったり、集団全体を発展に導いたりする活動も多いようです。人のために動いたり、相手のニーズに応じて活動したりするほど、大きなお金が入り、収入がアップしていく運気を持っています。

♄

★8ハウスに土星が入る場合

土星はルールや安定性、長期的な視点と関連する天体です。8ハウスに土星が入る場合、人の気持ちや求めるものを確実に把握し、必要とされることを着実に実行していくでしょう。きちんと読み取れているか不安に感じることもありそうですが、真摯《しんし》に取り組んでいくことで、自然と不安も解消されていくはずです。

集団では管理したり、安定的に物事が進行するよう配慮したりする役割を担いやすく、その働きから信頼を得て、収入アップにつなげていくでしょう。

♅

★8ハウスに天王星が入る場合

天王星は自立や独立、突発的な変化、テクノロジーに関する天体です。8ハウスに天王星が入る場合、人の気持ちを違う角度から観察し、相手の考えを変えたり、異なる視点をもたらしたりするようなことが起こりやすいかもしれません。
関わる集団の中では、客観的な視点からよいアイデアを提案し、煮詰まりを打開するような役割を担うことが多いでしょう。集団の中でも必要に応じて単独行動し、成果を上げていくので、そこから収入を増やしていけるようです。

♆

★8ハウスに海王星が入る場合

海王星は夢や幻想、目に見えない事柄に関連する天体です。8ハウスに海王星が入る場合は、直観力や目に見えない影響を受けるような形で、人の気持ちを敏感に察知していくでしょう。感じ取ったものから相手の本音を拾い上げ、それに対応して動いていくようです。
みんなで力を合わせて活動することに夢を感じ、精いっぱい力を尽くしていきます。そのため、まわりから厚い信頼を得て、さらにそこから収入も増えていくでしょう。

♇

★8ハウスに冥王星が入る場合

冥王星は極端さやカリスマ的な力、忍耐力に関連する天体です。8ハウスに冥王星が入る場合、徹底的に相手のために動き、その分自分は耐え忍ぶようなことが多いでしょう。ただ、いざというときは大きな力を発揮してくようです。

関わる集団の中では全面的にその集団の活動を支持して、粘り強く行動していくでしょう。そのため、まわりから深い信頼を得て、思った以上に大きな収入を得るようです。

第4章

お金の流れをせき止める原因

お金が入らない原因は土星でわかる

お金はエネルギーであり、流れがあり、それを循環させていくことが大切であるということはこれまでお伝えしてきました。しかし、そのせっかくの流れをせき止めてしまうことがあります。それによりお金の流れが細くなったり、滞ってしまったりするようなことも起こるのです。

せき止める原因の一番大きなものは、お金に対する考え方（観念や思い込み）によるものかもしれません。お金に対する否定的な考えが自分の中にあること、そしてそれに気づくこと、さらにそれを意識的に遠ざけることで、お金の流れが変わってきます。

お金に関する考え方は、歴史の中でもさまざまな考え方が打ち出されてきたかと思います。たとえば、お金にまつわる「ことわざ」をみてみましょう。

「安物買いの銭失い」「金の切れ目が縁の切れ目」「時は金なり」「地獄の沙汰も金次第」「悪銭、身につかず」「金に糸目をつけぬ」「猫に小判」などなど……。少し考えるだけでこれだけ出てくるのです。

これは、お金とはどういうものか、お金とどう関わっていくかということが、非常に大切なものだと、多くの人が考えているからだということです。だからこそ、人の心に残るようなことわざや慣用句として語り継がれてきたのでしょう。

「○○するとお金が入ってこない」「お金を得るために○○しないとならない」などの観念や、「お金は汚い」、「金持ちは汚い」などの観念があると、エネルギーとしてのお金に対して否定的に捉えることになります。すると、お金の流れがせき止められ、流れが細くなったり、止まってしまったりすることもあり得るのです。

西洋占星術ではこうした観念に関わりやすい天体として、土星があげられるでしょう。西洋占星術での土星は、基本的には「大人としての意識」や「社会活動におけるルール意識」と結びつけられています。よくコンプレックスや抑圧などとも関連づけられ、自分自身の持つ大人イメージに今の自分が追いついていないことによって、苦手意識や抑圧感が発生すると考えられているのです。

お金に関しては、大人として社会で活動するからこそ、その活動の報酬を得ることができる……というところからやってきています。ただしそれはそれぞれの心の中にある「大人像で、画一的ではありません。それぞれの大人イメージに沿ってしっかりと社会で活動し、お金を得る……という考えそのものが、その人の中にあるというふうに考えましょう。

ただ、その大人イメージが強すぎて、実際の人生に影響を及ぼしすぎると、自分自身の生き方のプレッシャーとなり、つらいものとなってしまいます。実生活は、社会活動やお金を得る活動と結びついているため、お金の流れを妨げるような観念やこだわり（＝ブロック）となってしまうのでしょう。

それぞれの人の土星がどのようなものを大人イメージとして求めるのか、どんな活動をすることを大人としてみなすよう促すのかは、土星がどんなハウスに入っているか、どんな星座に入っているかによって明らかになります。

ここではまず、皆さんの土星がどんな大人イメージをもたらしているのかをみて、お金の流れをせき止めるようなことになりやすい、ブロックの形を明らかにしていきましょう。

原因と向き合い、金運を呼び込む

まずは土星♄のある場所を探します。そしてそれが入っているハウスが第何ハウスかをチェックしましょう。

サンプルでは、土星は10ハウスに入っていますので、以下の項目の「10ハウス」のところを読みます。土星の入っている星座から、どんなことができるのが大人なのかについて、「土星の12サイン別傾向（111ページ）」も併せて参照してください。

ただ、お金の流れをせき止める観念（=ブロック）は、その人を大人へと成長させ、自分の大人イメージに向けて歩んでいくよう促すものでもあります。その反面、大人にたどり着いていないという意識や、まだまだきちんとできていないという意識を刺激するため、苦手意識を持ったり、コンプレックスを持ったり、あえてそういう活動を遠ざけようとする場合も多いかもしれません。しかし、大人イメージに向けて歩みながら、不足部分を補

土星のあるハウスをみる

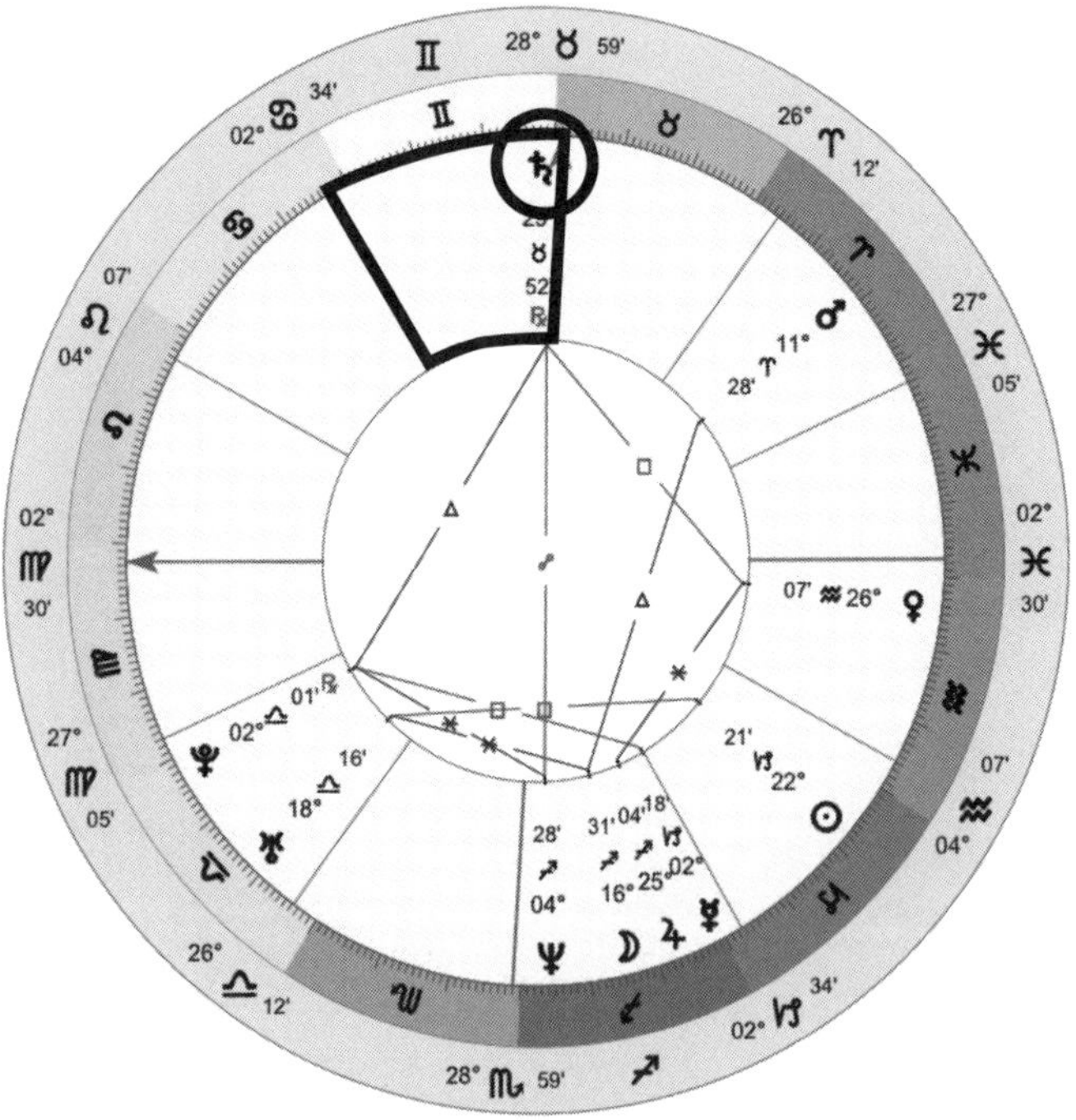

まず、土星マーク♄を探し、それがどのハウスにあるかをチェックします。164 ページ以降の、土星があるハウスの説明を読んでください。

※サンプルでは土星は 10 ハウスにあります。170 ページをみて、お金の流れをせき止める原因を確認します。

うために前向きに努力し続けることで、その人自身も磨かれていくでしょう。

つまり、恐れたり、避けたりしすぎるのではなく、きちんと向き合って、土星の示す課題に取り組むことが大切です。土星の入っているハウスや星座に関連する活動に丁寧に取り組み、日々の中で積み重ねていくということ。さらにそうして積み上げてきたものもまた、その人自身の財産にもなり、お金の流れをより太いものにしてくれるでしょう。

土星はその流れを単にせき止めるようなものではありません。もともとはその人の持つ大人のイメージであり、完成図なので、その人を大人へと導く理想の「型」としてみなせるものです。ただ、そこにこだわりすぎることにより流れが狭くなり、硬直してしまうことによってブロックとなってしまうといえるでしょう。

このようなブロックに対して、それを外したり、緩めたりするには、少し拡大解釈をするというか、俯瞰したものの見方で、より広い範囲のものも含むような考え方を取り入れていくことが鍵になります。それはギュウギュウと自分自身を締めつけるこだわりを緩めるということでもあるのです。自分が決めている狭い範囲の発想以外のことにも価値や意義を感じることで、流れも太くなり、ブロックも緩んでいくでしょう。

ここでは、12ハウス別に意識することや、イメージワーク、意識に刷り込むとよい言葉（アファーメーション）をご紹介していきます。

♄★土星が1ハウスにある場合

どんな場でも大人である自分を打ち出していける、きちんとした人物であることを自分に求めていきます。そのため、ちょっとした失敗でも、自分が大人として不十分であると捉えやすいようです。その不足感から委縮しがちで、それがブロックになりやすいでしょう。

ブロックを緩めるためには、どんな立派な人でも、どんな大人でも、多少の失敗はあると考えることで、肩の力が抜け、気負わずに物事に取り組んでいけるでしょう。そして同時にブロックも外れやすくなります。自分に対する厳しい目を、自分自身が持っていることについても意識し、時折、自分を甘やかしてみてください。

♄★土星が2ハウスにある場合

どんな形であれ、お金を稼ぐことができたり、自分の才能を活用できたりする人物を大人としてみなします。稼ぐ金額が自分のイメージより少ないと、大人として不足していると捉えがちです。「お金がない」が口癖になりやすく、それがブロックとなりやすいでしょう。

ブロックを緩めるためには、不足に目を向けるのではなく、きちんとお金を稼いでいる自分を認め、前向きに評価することで、ブロックも緩んでくるでしょう。独り言でもよいので、「お金はある」「お金を持っている」と声に出していうことで、お金の流れもよいものになっていくはずです。

♄★土星が3ハウスにある場合

さまざまな知恵や知識があり、知的な面を活用しながら生きていく人物を大人とみなすようです。またそうした知識を仕事につなげられなかったり、知識不足を実感するときに大人にはまだほど遠いように感じられます。勉強不足では社会に認められないという観念がブロックとなりやすいでしょう。

ブロックを緩めるためには、知識や情報は果てがないので、すべてを完璧に追いかけることは困難であると認めるところから始めてみましょう。そこからむやみに色々なことを勉強する必要がないこともわかり、今の自分に必要な知識を身につけていけるはずです。そしてそれと同時にブロックも緩んでいくでしょう。

♄ ★土星が４ハウスにある場合

内面が安定していて、最低限これをやっていれば大丈夫、という安全対策を持っているのが大人であると考える傾向があります。そして安全対策が及ばずに失敗したとき、不全感を覚えやすいでしょう。物事に対処できないかも……という気持ちが社会活動や経済活動での消極さにつながり、それがブロックとなりやすいようです。

ブロックを緩めるためには、居場所を整え、安全への意識を安定させることから着手してみてください。心理面での安定も大切で、身近な関係、特に家族関係を見直すのもよいでしょう。生きて活動している以上、何かトラブルは起きるし、完璧な安全ということは難しいことを意識することで、ブロックも解けていくはずです。

♄ ★土星が5ハウスにある場合

自分の創造性を発揮し、情熱を持って生きていくことができるのが大人であると考える傾向があります。そして凡庸な自分に直面し、テンションが上がらないようなときに不足感を覚えやすいようです。世の中に埋もれてしまうようでは価値がないという考えが、ブロックとなりやすいでしょう。

ブロックを緩めるためには、どんな人間でも同じ人間はおらず、どんな表現でもその人にとって価値のあるものだと意識していくことが大切です。そしてそれにより、自分の活動に前向きになっていけるでしょう。意欲的に遊んだり、子どものように好きなことに情熱を傾けることで、ブロックも緩んでいくようです。

♄ ★土星が6ハウスにある場合

心身を適切に調整し、求められる仕事をきちんとこなすことが大人であると考えるようです。仕事でミスをしたり、体調を崩したりしてしまうようなときに不全感を感じやすいかもしれません。仕事に役立たないものは不要という考えが、ブロックとなりやすいでしょう。

ブロックを緩めるためには、一見、仕事に役に立たないような活動や情報のようにみえていても、いつかどこかで役立つ可能性があると認識することで、物事に対するゆとりが生まれてきます。またそれによりブロックも解けていくでしょう。さらに仕事外の分野にも積極的に目を向け、チャレンジすることで視野を広げられるはずです。

♄

★土星が7ハウスにある場合

人の投げかけにうまくリアクションできることが大人であると考える傾向があります。そして他者とのやり取りや話し合いなどが満足できないものとなったとき、力不足を感じやすいでしょう。人からダメ出しされることへの恐れがブロックとなり、発言が控えめになりがちかもしれません。

ブロックを緩めるためには、どんな受け答えをしても、人はそれぞれの形で受け止めてくれていると認識するところから始めてみましょう。きちんと話せていないように感じていても、本当に大切なことを繰り返し投げかけることで、前向きに受け止めたり、評価してくれる人も現れるはずです。それにより、ブロックも溶けていくでしょう。

♄★土星が8ハウスにある場合

特定の相手の気持ちを読み取り、関わる集団の方針を熟知して、そのニーズに合わせて行動できることが大人であると考えるようです。意図を読み違えて、相手が不満そうな顔をしているのをみると、不全感を覚えやすいでしょう。相手との関係に必要なもの以外は価値がないとして、それがブロックになりやすいかもしれません。

ブロックを緩めるためには、相手との関係やそれに必要なものばかりに集中するのではなく、時折、違う分野に手を広げてみてください。その経験が違った形で相手を助けることになり、視野を広げることの大切さを実感できるはずです。そこから違う形で協力し合える可能性がさらに広がっていき、ブロックも緩んでいくでしょう。

♄★土星が9ハウスにある場合

理想を目指し、常に成長し続けられるのが大人であると考えるようです。そして学びに向き合う時間が短かく、成長がみられない場合、自分を責めてしまうこともあるでしょう。また自分に成長を促すもの以外は価値のないものとして捉えやすく、気持ちにゆとりが持てないことも。さらにそれがブロックになりがちでしょう。

ブロックを緩めるためには、学び、成長するためには、時には息抜きや休憩が必要とみなすことが大切です。一見、停滞しているように感じられたり、スランプに陥っていたりしても、それはより高く成長するためのしゃがみ込みであり、その後に大きく羽ばたけるはず、とイメージしてみましょう。そこからブロックも解けていくはずです。

♄★土星が10ハウスにある場合

社会の一員として役割を担うことが大人であると考える傾向があります。そして役割に見合った働きができなかったり、子どものように気持ちを荒げたりしてしまったとき、未熟さを痛感するでしょう。また自分のやっていることは社会に役立てていないのではという恐れがブロックとなり、社会活動が限定的なものになりやすいでしょう。

ブロックを緩めるためには、まず、どんな形であれ、社会に関わって生きている自分を褒めることが大切です。仕事中毒のようになっている場合は、休みも仕事のうちと捉え、きちんと休みを取り、心身の回復に努めましょう。さらに遊びのようなものも仕事に役立つというイメージを持つことで、ブロックも緩んでいくはずです。

♄★土星が11ハウスにある場合

人と協力しあい、未来を意識しながら、適切に歩んでいけることが大人であると考えているようです。そのため先々に不確定なことがあると、恐れを感じ、あわててしまいやすいでしょう。未来に不安を持ちやすく、必要以上に新しい展開やチャレンジを避ける場合もあり、それがブロックになりやすいでしょう。

ブロックを緩めるためには、誰も未来を知ることができないし、確定的な未来はないということをあらためて意識してみてください。そのうえで、未来への準備はできる範囲で行い、あとはその時・その場で対応するように、今と未来を切り分けていくことで、気持ちも楽になっていくでしょう。そしてそこからブロックも緩んでいくはずです。

♄★土星が12ハウスにある場合

人の気持ちや霊的なことなど、目に見えない事柄に対して敏感に察知し、適切に対応できることが大人として重要であるとみなしています。そのためうまくできない自分に不全感を抱き、霊的なものやスピリチュアルなものを必要以上に避けたり、恐れたりすることもあるでしょう。運命や宿命といったものに対して懐疑的で、それがブロックになりやすいようです。

ブロックを緩めるためには、目に見えない世界をあがめすぎたり、恐れすぎないことが大切です。そうしたものは特別なものではなく、日常の中に目に見えないところからサポートが来ていると意識していきましょう。そこから毎日の支えとして霊的なものを実感でき、日々感謝をもって過ごすことで、ブロックもほどけていくでしょう。

第5章

金運を上げるお金の使い方

人生を開くお金の使い方とは？

お金は世の中をめぐるエネルギーのようなものである一方で、自分の人生を動かすエネルギーの一つでもあります。お金をよい形で使うと、人生が適切にまわっていくということです。

人の身体にたとえると、食べ物には栄養素やカロリーがあり、口から摂取して、消化され、血液にのって栄養素が身体中に分配されます。それらを細胞が受け取り、身体を動かす糧としていきます。

栄養が使われるべきところで使われることで、私たちの身体は滞りなく活動し続けることができます。ただ、栄養バランスが悪いと、必要なところに必要なものがまわらないことが起こるため、うまく身体が機能しなくなったり、病気になったりします。

お金も同様です。自分の内側の必要なところにお金が回るということが大切なのです。それは、どんなテーマにお金を使うかという話につながっていきます。その人にとって意義あるテーマにお金を使うことで、人生がよい形で進展し、よい巡り合わせともつながることができるでしょう。

何にお金を使うのかは、万人共通ではありません。人それぞれです。学びが意義あるものとなる人もいれば、メンタルを気使うことで日々をよりよく歩んでいける人もいます。

その人にとって意義のあることが、仕事に打ち込むことであったり、遊ぶことであったりします。その人にとってお金の使い方は違うのです。額が小さくても、人生の流れに沿って有効に使うことができるならば、それは活きた使い方といえます。

反対に、注ぎ込んでも人生を動かしたり、厚みを持たせたりすることにつながらないものもあります。その場合はお金がむだになってしまいます。

こうしたことも、ホロスコープでみることができます。その人の内側にあるお金の流れをつかみ、お金を扱う場（第3章参照。2ハウス、8ハウス）からお金というエネルギーを流すと、ホロスコープ全体が活性化されていきます。ホロスコープ全体を活性化することは、人生の歩みに活力を与えるということにもつながり、活き活きとした日常や人生の目的に対する活動を促されることにもなるでしょう。

使うほど金運が上がる

使うほどにお金が回り、金運が上がる使い方をホロスコープから探っていきます。ここでは、2ハウスと8ハウスの境界線（カスプ）が何座かをみて、その星座の「支配星（ルーラー天体）」がどこのハウスにあるかをみて、活かす方向性を明らかにしていきます（カスプについては85ページ）。

①活きるお金にまつわる「天体」をチェックする

まず、**2ハウスと8ハウスのカスプが何座にあるかをみます。**これは必ず反対側同士の星座になります。たとえば、2ハウスのカスプが射手座であれば、8ハウスのカスプは反対側にある双子座になります。片方が決まれば、もう片方が決まります。

さらにその支配星（ルーラー天体）もサインごとに決まっており、2ハウスのカスプの星座を確認すると、8ハウスのカスプと、2ハウスと8ハウスの支配星も明らかになります。

2ハウスのカスプの星座を確認し、**177ページの一覧を利用**して、ホロスコープの中で

2ハウスの境界線(カスプ)の星座	8ハウスの境界線(カスプ)の星座	チェックする天体・支配星（ルーラー天体）
牡羊座	天秤座	火星♂と金星♀
牡牛座	蠍座	金星♀と火星♂と冥王星♇
双子座	射手座	水星☿と木星♃
蟹座	山羊座	月☾と土星♄
獅子座	水瓶座	太陽☉と土星♄
乙女座	魚座	水星☿と木星♃と海王星♆
天秤座	牡羊座	金星♀と火星♂
蠍座	牡牛座	火星♂と冥王星♇と金星♀
射手座	双子座	木星♃と水星☿
山羊座	蟹座	土星♄と月☾
水瓶座	獅子座	土星♄と天王星♅と太陽☉
魚座	乙女座	木星♃と海王星♆と水星☿

自分のホロスコープの２ハウスの境界線（カスプ）の星座は
＿＿＿＿＿＿座で、
ホロスコープから支配星は＿＿＿＿＿＿＿＿＿です。

どんな天体に着目すればよいのかをチェックしていってください。

②活きる使い方を知る

①でチェックした天体がホロスコープのどのハウスに入っているかを確認します。そして、ハウスについての文を読み、どんな活動にお金を使うと「活きる」使い方につながるかを確認しましょう。

サンプルホロスコープ（次ページ）の例

たとえばサンプルのホロスコープでは2ハウスのカスプの星座が乙女座なので（8ハウスは魚座になります）、177ページの表の2ハウスのカスプで乙女座をみます。すると、支配星は水星☿、木星♃、海王星♆となります。

サンプルのホロスコープでは、これらの天体が4ハウスと5ハウスに入っているので、4ハウス、5ハウスにまつわる活動が「活きる」使い方につながるということになります。180ページからの4ハウス、5ハウスの項目をご覧ください。

※西洋占星術ではカスプの5度手前にある天体はそのハウスにあるとみなします。この場合、5ハウスカスプから5度以内にある水星は、5ハウスに入っていると読みます。従っ

て4ハウスのほかに、5ハウスの項目も読みます。

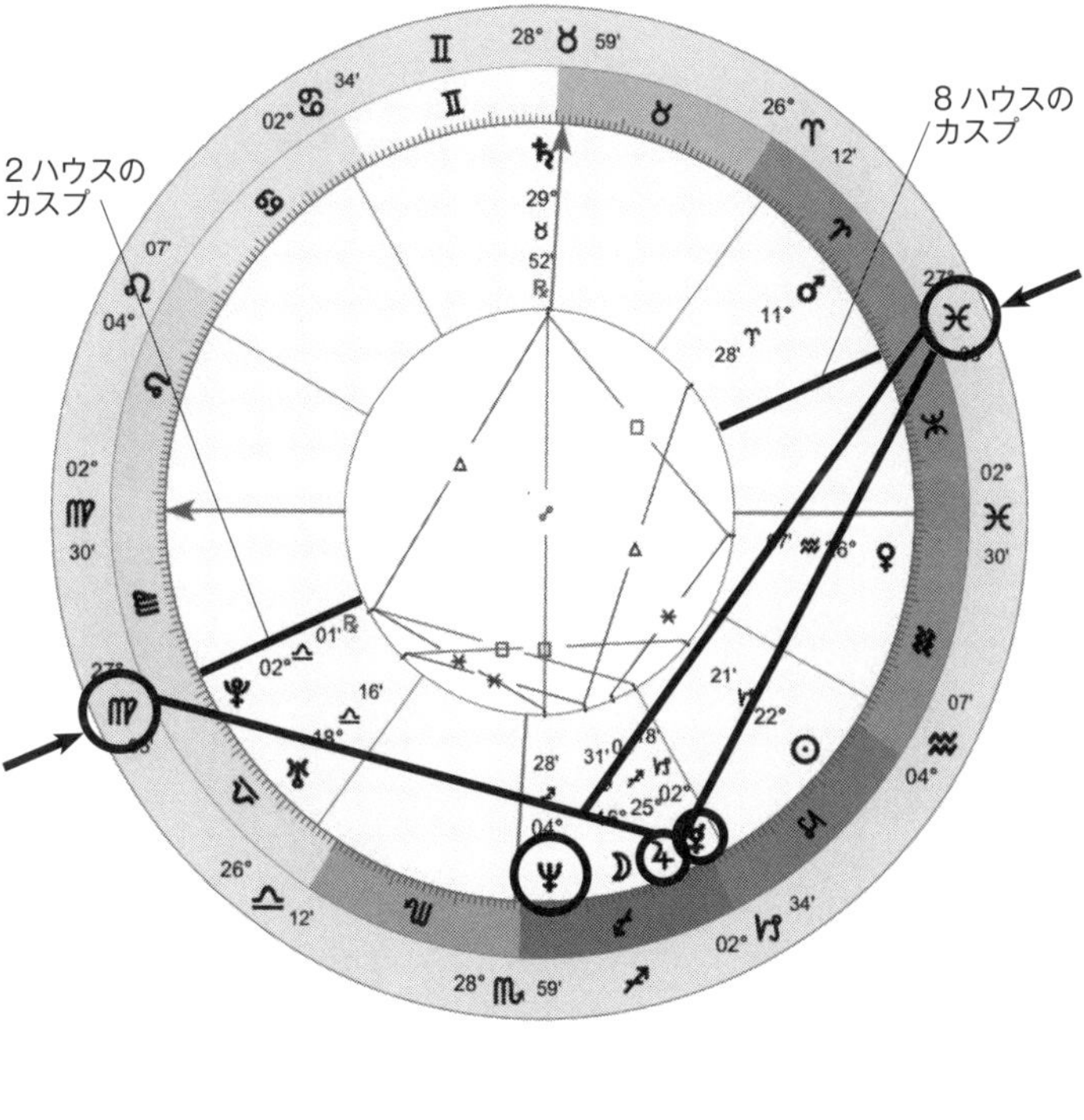

支配星がいるハウスでお金の使い方を知る

1ハウス

自分のやりたいことにお金を注いでいくと、お金がよい形で回っていきます。意欲を感じられる事柄にお金というエネルギーを注ぐことで、さまざまなことが動き出していくでしょう。1ハウスは他者からの見え方に関連する場でもあるため、身だしなみやどう見えるかに気使い、そこにお金を使うこともおすすめです。

2ハウス

食べ物や持ち物にお金を注いでいくと、お金が有益な形で回っていきます。美味しいものを食べたり、自分で吟味したよい品を持ったりするのもよいでしょう。2ハウスは身体にも関連するため、運動で体力、筋力をつけ、体をよい状態に維持していくことも、お金の流れに関してプラスに働きます。

3ハウス

知識を得たり、情報を集めたり、発信したりすることにお金を使うと、よい形で回っていきます。情報ツールや読む本などを吟味するのもよいでしょう。フットワークのよさがお金の流れのよさとも直結するので、車など移動に関するものや、靴などにお金をかけるのもおすすめです。

4ハウス

家や家族といった、落ち着ける場や関係性にお金を使うことで、お金がよい形で巡ります。家族に贈り物をすると、そのリターンとして家族からよいサポートを得られることも多いようです。落ち着ける空間づくりとして、インテリアに力を入れたり、家庭内で使うツールにこだわったりするのもよいでしょう。

5ハウス

遊びや趣味など、自分の心が湧き立つような何かにお金を使うことが、お金の循環にプラスになるでしょう。エンターテインメントに関連することもおすすめです。さらに子どもに対してお金をかけたり、子どものように純粋な気持ちで取り組む活動につぎ込んだりするのもよいでしょう。

6ハウス

仕事や、仕事に関するツール、設備、環境などにお金を使うことで、お金の流れがよくなります。健康に関連することにお金をかけるのもプラスに働くでしょう。さらに年下の人や立場が下の人を大切にして、何かごちそうするのもよい形でリアクションが返ってきて、お金の巡りによい結果をもたらします。

7ハウス

人と交流する場にお金を使うと、よい形で回っていきます。人と会うときの印象も大切で、服装などの外見的なところにお金をかけることもプラスに働きます。配偶者や仕事上のパートナーなど、重要な人物にお金をかけることでよいサポートを得られ、お金回りにプラスになっていくでしょう。

8ハウス

仕事やお金が関係する重要なグループや組織の活動に関して、お金をかけることでよい形でお金が回ります。グループ内の調和を保つような活動は特にプラスになるようです。配偶者や仕事上の重要人物などに贈り物をするなどお金をかけていくと、パワーバランスを有利にし、よい形でお金が巡ってくるでしょう。

９ハウス

自分の精神を高めるような活動、たとえば、学びや高等教育に関する事柄にお金を注ぐと、お金の回り方がよい状態になっていくようです。海外に行って見聞を広げるようなこともよいでしょう。９ハウスは宗教性に関連するため、信じる対象への学びにお金を使うことも精神を高め、プラスに働きそうです。

10ハウス

社会的な立場や自分の肩書きに関連する活動にお金をかけることで、よい形でお金が回っていくようです。社会における活動の窓口となる場所やホームページ、商材を扱うランディングページ、また公的な活動を行う際のファッションや、見た目に関する要素、宣材写真への注力なども、お金の循環をさらによくしてくれるはずです。

11ハウス

同じ趣味を持つ友人たちとの交流や、将来的に関わってみたい活動などにお金を使うことで、よい形でお金が回っていきます。また、人と協力して行うようなサークル活動やネットでの活動などもおすすめです。さらに同じ志を持つ人同士で活動するボランティアなどにお金を使うことも、お金の流れをよいものにしてくれるでしょう。

12ハウス

人の心に関わるような活動や目に見えない物事、スピリチュアルに関連するテーマなどにお金を使うことにより、よい形でお金が巡るでしょう。目に見えないという点では、ネットでの活動やそのための機材への投資などもおすすめです。さらにボランティアや募金活動に参加するような人を助けることも、お金の循環をよりよいものにしてくれるでしょう。

支配星が、どんなお金の動きに関係しやすいか、それを意識的に活用することも、お金のよりよい活用につながります。177ページの表で自分の支配星をチェックし、意識する活動をみましょう。
ただし、トランスサタニアンといわれる天王星、海王星、冥王星に関しては、常にそれが働いているというよりも、時折スイッチが入るような形での働き方になります。それでも、これらの天体のスタイルを、日々意識していくことで、お金にまつわる活動も活性化されるでしょう。

チェックされた天体と
意識すべき活動

月 ☽	気持ち　体調 生活習慣
水星 ☿	知性　情報収集 コミュニケーション
金星 ♀	センス　バランス 楽しむこと
太陽 ☉	公的な活動　自信を持つ 堂々と振る舞う
火星 ♂	人に負けない 差をつける　集中する
木星 ♃	成長　優しさ 拡大　受け止める
土星 ♄	ルール　真面目さ 大人としての振る舞う
天王星 ♅	自立　独立 オリジナル
海王星 ♆	夢　イメージ あいまいさ　印象で捉える
冥王星 ♇	徹底的に　忍耐力 カリスマ性

第6章

私スタイルの金運ホロスコープ

私スタイルのお金の流れを考える

第5章ではどこにお金を使うと、金運が巡りやすいかというお話をしました。第6章では、もともとそのお金はどこから来るのか、つまりどんな活動をするとお金になっていくかについてみていきます。

ただこれについては、2ハウス・8ハウスに天体が入っている人のみのお話になります。天体が入っていない方の場合は、第5章でのお話、つまりどこにお金を使うかを意識していくことで、人生が動いていくことになるので、どんなことに使うかを大切にしていってください。

ホロスコープの中でのお金の回り方は、体内の血液の循環のようなものです。うまく巡らせることで、ホロスコープによって示される生き方や日常、人生が、うまくまわるようになるのです。2ハウスや8ハウスはホロスコープの中では、ある意味財布のような場所です。そこにお金はどこからやってくるのか、そしてどこに注いでいくのか……インプットとアウトプットという流れをつくることで、自分の中でエネルギーが循環し、ホロスコープ全体を活性化していくことになるでしょう。

2ハウスや8ハウスに天体が入っていることの意味については、第3章で扱っていますので、そちらも参考にするとよいでしょう。2ハウス、8ハウスに天体が入っている場合、その天体はどこかのハウスと結びついたものになっています。これは西洋占星術では、星座（サイン）と支配星（ルーラー天体）との間に特別な関係があるとされ、物事の流れとして、特定の星座にまつわる場（ハウス）の影響やエネルギーが支配星に流し込まれるということになります。

特にお金に関して関連深い2ハウスや8ハウスに天体が入っている場合、その天体を支配星としている星座がカスプ（境界線）となっているハウスがあります。そのハウスの活動がお金を得るような何かに結びついている、つまり、お金を手にするための自分だけのスタイルがあるのです。

2・8ハウスに天体が入っている人、入っていない人

これについては、2・8ハウスに天体が入っている人のみのお話になります。どんなところに注目すればよいかについてまとめます。

★2ハウス・8ハウスに天体が入っている人

天体を通じて、ほかのハウスの活動から入って来るか（第6章）、2・8ハウスのハウスのカスプの星座からどこに使うか（第5章）を意識します。お金が入ってくるところと出て行く先を確認し、その流れを大切にしましょう。

★2ハウス・8ハウスに天体が入っていない人

2・8ハウスのカスプの星座からどこにお金を使うか（第5章）を意識し、勢いに従うことで人生を動かしていきます。第5章での2・8ハウスのカスプ星座の支配星（ルーラー天体）の働きそのものにも注目し、その天体の活動を日常の中に積極的に取り入れるのもよ

いです。

このように、まず2とおりのスタイルがあるものとしてみていきましょう。

★天体が入っていなくても大丈夫？

2ハウスや8ハウスに天体がないと、どこからも入ってこないのか、お金に縁がないのか……というわけではなく、それほど力を入れなくても順調に回っていきやすいということなので、むしろ、肩に力を入れずにお金と関わっていけるものと考えられます。

その一方で、2ハウスや8ハウスに天体が入っている場合、どうしてもお金に関することやお金に絡んだ他者とのパワーバランスに意識を向けなければならない（あるいは意識を向けてしまう）ため、お金のことをついつい考えがちで、お金やそれにまつわる対人関係で悩むようなことが多いかもしれません。そうした意味では、天体が入っていないことは、マイナスのものとして考えにくく、むしろ安定した傾向があるとみなせるでしょう。

私らしく楽しくお金を得る方法

①2・8ハウスにある支配星（ルーラー天体）と星座（サイン）を調べる

ホロスコープの2・8ハウスに入っている天体が、どこのハウスのカスプの星座の支配星に当たっているかを、まず確認します。

2・8ハウスに入っている天体	対応する星座（サイン）
月 ☽	蟹座 ♋
水星 ☿	双子座 ♊・乙女座 ♍
金星 ♀	牡牛座 ♉・天秤座 ♎
太陽 ☉	獅子座 ♌
火星 ♂	牡羊座 ♈・蠍座 ♏
木星 ♃	射手座 ♐・魚座 ♓
土星 ♄	山羊座 ♑・水瓶座 ♒
天王星 ♅	水瓶座 ♒
海王星 ♆	魚座 ♓
冥王星 ♇	蠍座 ♏

たとえば194、195ページのホロスコープでは、2ハウスには天王星・冥王星が入っており、8ハウスには火星が入っています。これは前ページの表をみると、水瓶座、蠍座、牡羊座の支配星にあたります。

②①で調べた星座がどこのハウスのカスプとなっているかをみる

これらの星座がどこのハウスのカスプとなっているかをみます。このハウスの活動が、お金を引き寄せる鍵になっていたり、お金を手に入れる場ともなっていたりすると考えられます。

ホロスコープでは、水瓶座は6ハウス、蠍座は4ハウス、牡羊座は9ハウスのカスプとなっているので、仕事をきちんとこなしたり（6ハウス）、家族や家を大切にしたり（4ハウス）、勉強して自分を高めたり（9ハウス）することがお金を引き寄せることになります。

それぞれのハウスに関する活動は、196ページをご覧ください。

２ハウスに入っている天体が支配星となっているハウス

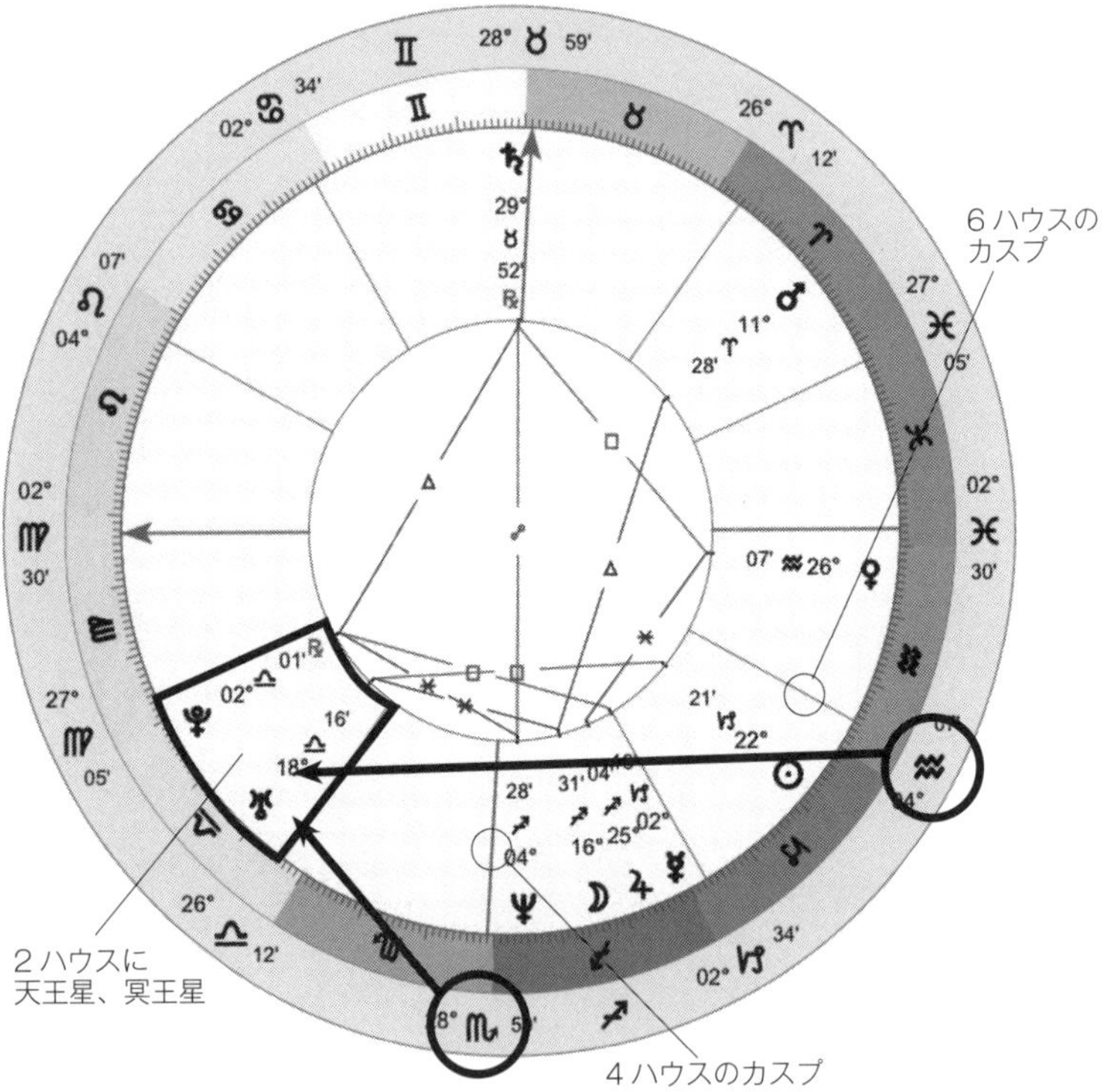

2 ハウスには天王星 ♅（星座は水瓶座）
冥王星 ♇（星座は蠍座）

8ハウスに入っている天体が支配星となっているハウス

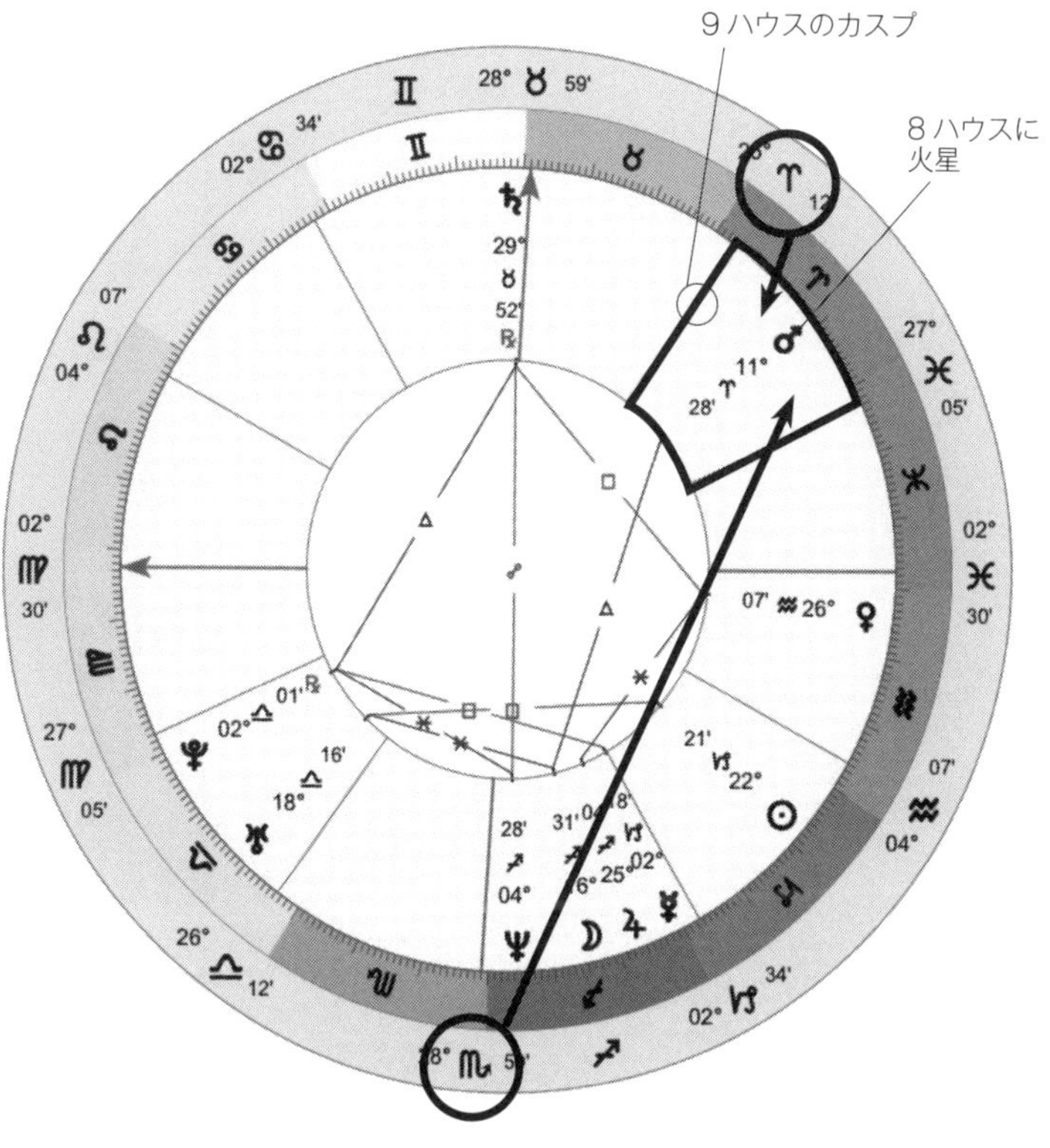

8ハウスには火星♂（星座は牡羊座、蠍座）

▼

水瓶座♒、蠍座♏、牡羊座♈のサインをみる。

水瓶座♒は　6ハウスのカスプ→6ハウスをみる
蠍座♏　は　4ハウスのカスプ→4ハウスをみる
牡羊座♈は　9ハウスのカスプ→9ハウスをみる

お金を引き寄せるハウスの活動

★1ハウス

自分の好きなことをして、お金が入ってきやすい運気を持っています。意欲を感じられたり、やりたいとひらめいた何かを実行していくと、お金がやって来る流れにのれるようです。特に前向きに取り組んだり、自分から働きかけることにより、その勢いも強くなっていきます。直観を信じて行動することも、プラスに働くでしょう。

★2ハウス

ものをつくったり、手を動かしたりして、着実な歩みからお金が入ってきやすいようです。技術を磨いたり、実際に体を動かしたりして活動するようなこともプラスに働くでしょう。さらに音楽や食など、五感を発揮する活動もおすすめです。自分の感覚に従ってじっくり歩んでいくことで、お金に関する流れをよりよいものにできるでしょう。

★3ハウス

知識、ノウハウを積極的に得て情報収集することから、お金が入ってきやすいようです。今の状況を確認し、必要なものはどこにあるのかをリサーチするアンテナの感度のよさが、お金の流れをさらに確実なものにしてくれるでしょう。人と積極的にコミュニケーションをとったり、フットワークよく動きまわったりすることもプラスに働きそうです。

★4ハウス

家族や仲間を大切にすると、お金が入ってきやすいようです。実家が裕福だったり、不動産からの収入があったりするでしょう。安全対策を万全にしておくこともプラスに働きます。自分の安心できる場所やみんなのための居場所をつくり、身近な人たちと協力することもお金に関してよい形で作用してくれるでしょう。しっかりと休んだり、オフを充実させることもおすすめです。

★5ハウス

自分にとってワクワクする事柄に力を注ぐと、お金が入ってきやすいようです。創作活動などのクリエイティブな活動に取り組んだり、アートをみたり、買ったり、さまざまな形で触れる機会は内面の豊かさにつながり、それがお金の流れを引き込んでくれるでしょう。また投資や賭け事的なものにも縁がありますが、流れが悪いと感じたときはサッと引くことが肝心です。

★6ハウス

どのような仕事でも、丁寧に、着実に仕事することで、お金が入ってきやすいようです。健康に気使いながら、自分の身のまわりの状況を調整していくことも、お金にまつわる活動として重要でしょう。さらに仕事に関する自分のスキルを磨いたり、よいツールを使ったりすることも、お金の流れに直接影響しそうです。そして下の人たちの教育やサポートもプラスに働くでしょう。

★7ハウス

他者と関わり、人と協力し合うことにより、お金が入ってきやすくなります。相手の意見を取り入れたり、自分も相手に意見をぶつけたりする中で、重要な何かが生み出され、そこからお金の流れにつながるでしょう。相手を見習ったり、配偶者や仕事上のパートナーを大切にしたりすることも、お金に関してプラスに働くようです。

★8ハウス

相手のニーズを読み取り、動くことがお金につながりやすいようです。特に相手の信頼を得ることが重要で、そこに至るまでに忍耐力を発揮する必要もあるかもしれません。また会社や仕事仲間などの集団で、力を合わせる何かを成し遂げていくようなことや、チームワークを発揮することも、お金の流れを増やしてくれるでしょう。

★9ハウス

精神面を磨き、自己向上を目指し、キャリアを積むほどに、どんどんお金が入ってきやすいでしょう。自分を高めていくために勉強したり、資格を取得したりすることもプラスになるはずです。海外に関する事柄、たとえば外国語を習得したり、外国に出かけて見聞を広げたり、貿易に関わる仕事をしたりするものよいでしょう。自分を高めていこうとする意識が鍵となります。

★10ハウス

社会での活動に力を入れると、お金が入ってきやすいようです。社会で活躍する大人として適した振る舞いをすることを、常に意識していきましょう。関わる相手と自分との社会における関係を考えて行動することも重要です。人がみていることを意識しながら、より自分の立場を高めていくような言動や行動が、お金の流入を増やすでしょう。

★11ハウス

未来を意識しながら動くことで、お金が入ってきやすいようです。同じ志を持つ人たちと力を合わせて活動したり、サークル活動のように友達的な距離感で一緒に何かを楽しんだりすることも、お金の流れを太くしてくれるはずです。友達とよい交流を持つことから、人脈に助けられ、お金の流入が増えることもあるでしょう。

★12ハウス

人の心や気持ちなど目に見えない事柄に意識を向け、それを大切にすることでお金が入ってきやすいようです。スピリチュアルや占い、セラピーに関連することに取り組んだり、ボランティアなど見ず知らずの人の助けになるような活動もプラスに働くでしょう。また12ハウスはネットに関連するため、ネットでのやり取りや発信を重視することも鍵となります。

あなたらしくお金を得る「私スタイル」が明らかになったと思います。ハウスにある活動を意識的に行ったり、ハウスに関連する人たちとの関係を大切にしましょう。そしてそれによりお金に関するインプットが強化され、ホロスコープ内を巡るお金の流れもより太いものになっていくでしょう。

まとめと記入例

これまでお金の流れについてお話してきました。各章の解説をご自身のホロスコープを参考に、あてはまるものを表にしていきましょう。

まず、サンプルのホロスコープをもとにした、表への記入例をご紹介します。ホロスコープのどの位置にどの天体があるのか、それらが表のどこに入るのかを、記入例を見ながら理解しましょう。各章のテーマをまとめた表をつくりましたので、活用していくと、各章で読むポイントなどもわかりやすいでしょう。

ご自分のホロスコープを書き込む表は２１５ページをご覧ください。

ホロスコープのマークと名称

星座

♐ Sagittarius 射手座	♌ Leo 獅子座	♈ Aries 牡羊座
♑ Capricorn 山羊座	♍ Virgo 乙女座	♉ Taurus 牡牛座
♒ Aquarius 水瓶座	♎ Libra 天秤座	♊ Gemini 双子座
♓ Pisces 魚座	♏ Scorpio 蠍座	♋ Cancer 蟹座

天体

♅ Uranus 天王星	♂ Mars 火星	☽ The Moon 月
♆ Neptune 海王星	♃ Jupiter 木星	☿ Mercury 水星
♇ Pluto 冥王星	♄ Saturn 土星	♀ Venus 金星
		☉ The Sun 太陽

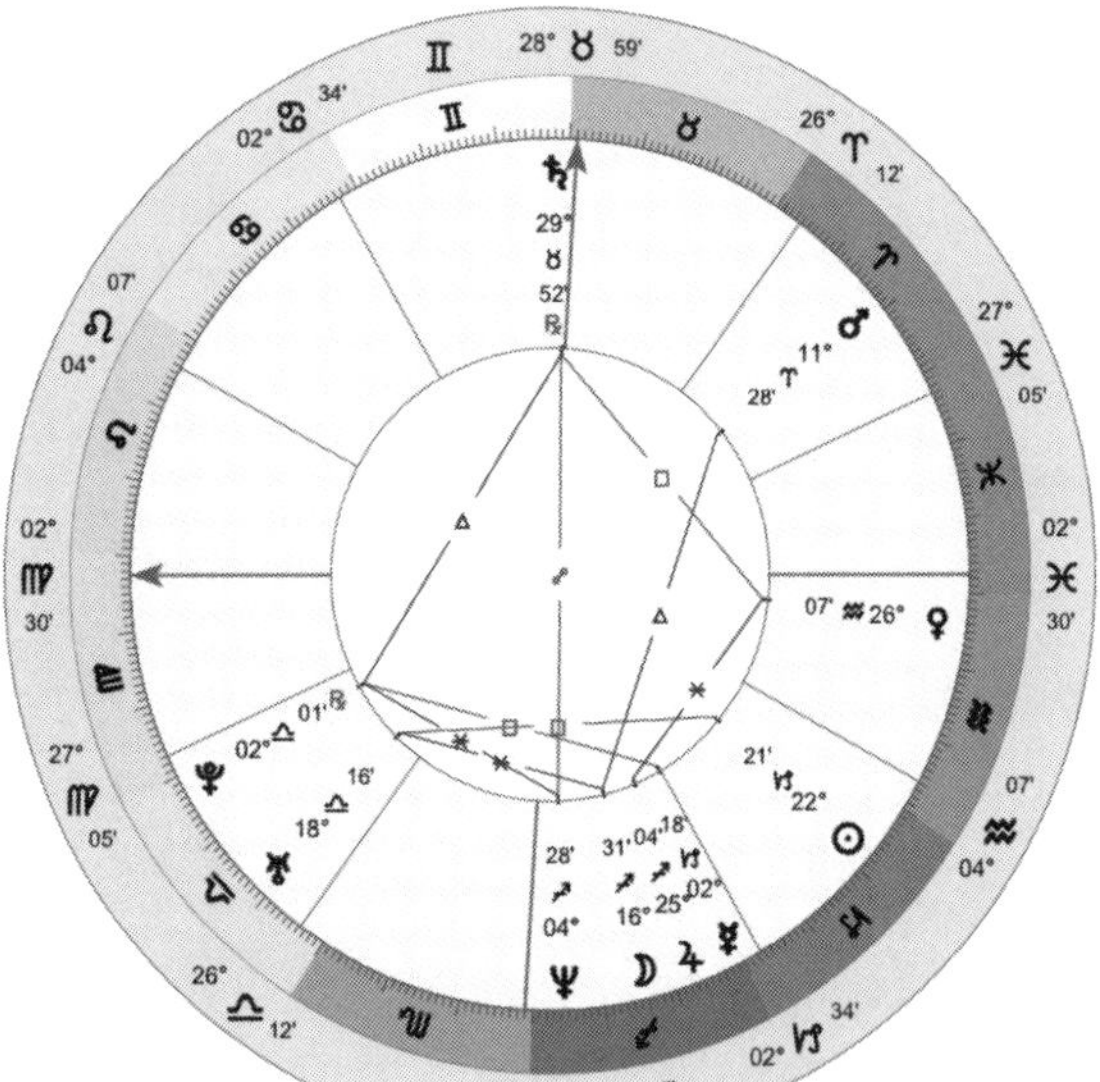

■記入例

生年月日　1972年1月13日

生まれた時間　10：59

生まれた場所　船橋

<table>
<tr><th colspan="4">「ライフマネー」を知る（第3章）</th></tr>
<tr><td>チェックするポイント</td><td colspan="2"></td><td></td></tr>
<tr><td>2ハウスカスプのサイン
（第3章）</td><td colspan="2">乙女座</td><td></td></tr>
<tr><td>8ハウスに入る天体
（第3章）</td><td colspan="2">・冥王星
・天王星</td><td></td></tr>
<tr><th colspan="4">「関係性マネー」を知る（第3章）</th></tr>
<tr><td>8ハウスカスプのサイン
（第3章）</td><td colspan="2">魚座</td><td></td></tr>
<tr><td>8ハウスに入る天体
（第3章）</td><td colspan="2">・火星</td><td></td></tr>
<tr><th colspan="4">ブロックの原因（第4章）</th></tr>
<tr><td>土星の入っているハウス
（第4章）</td><td colspan="2">10ハウス</td><td></td></tr>
<tr><td>土星の星座
（第2章）</td><td colspan="2">牡牛座</td><td></td></tr>
<tr><th colspan="4">お金を活かす使い方（第5章）</th></tr>
<tr><td>2・8ハウスのカスプのルーラー天体があるハウス
（第5章）</td><td colspan="2">2ハウスカスプの星座
乙女座
チェックする天体
・水星
・木星
・
・海王星</td><td>天体が入っているハウス
4ハウス
5ハウス
ハウス</td></tr>
<tr><th colspan="4">お金が入って来る「私スタイル」（第6章）</th></tr>
<tr><td rowspan="2">2・8ハウスに入る天体がどこのハウスのカスプのサインの支配星か
（第6章）</td><td colspan="2">2・8ハウスに入っている天体とそれを支配星とする星座</td><td>その星座がハウスのカスプになっているハウス</td></tr>
<tr><td>天体
・冥王星
・天王星
・火星</td><td>星座</td><td>4ハウス
ハウス
6ハウス
9ハウス
ハウス
ハウス</td></tr>
</table>

■「記入例」のお金回り全体の傾向

記入例の「ライフマネー」は乙女座に関係していて、細やかな視点を活用してお金を得、きちんとお金を管理し、使用する傾向があります。「関係性マネー」は魚座で、人の気持ちを細やかに拾うことでお金を得られるでしょう。そこに火星も関連しているので、それを集中的、積極的に行い、直感をうまく活かすこともプラスになります。

ブロックの原因に関する土星は10ハウス、牡牛座にあるため、社会での活動をきちんと行い、さらにそれによってしっかりとお金を稼ぐことも大人として必須と考えています。そのため、ドロップアウトしたり、お金を稼げなくなったりすることへの恐れから、仕事を休めず、がむしゃらになりがちです。それまでにつくってきた実績があるので、多少休んだり、ゆっくりしても大丈夫と認識することで、ブロックも外れ、お金の巡りもよくなってくるでしょう。

お金を活かす使い方としては、家族や家の環境を整えたり（4ハウス）、遊んだりする（5ハウス）のに使うのもよいでしょう。お金が入ってくる方向としては、家族や実家からお金が入りやすかったり（4ハウス）、仕事をして着実にお金を得たり（6ハウス）、勉強して学んだりしたこと（9ハウス）が収入アップにつながります。そうした関係性や活動を大切にしていくことが鍵となるようです。

●2・8ハウスに天体が入っている場合のサンプル　Aさん

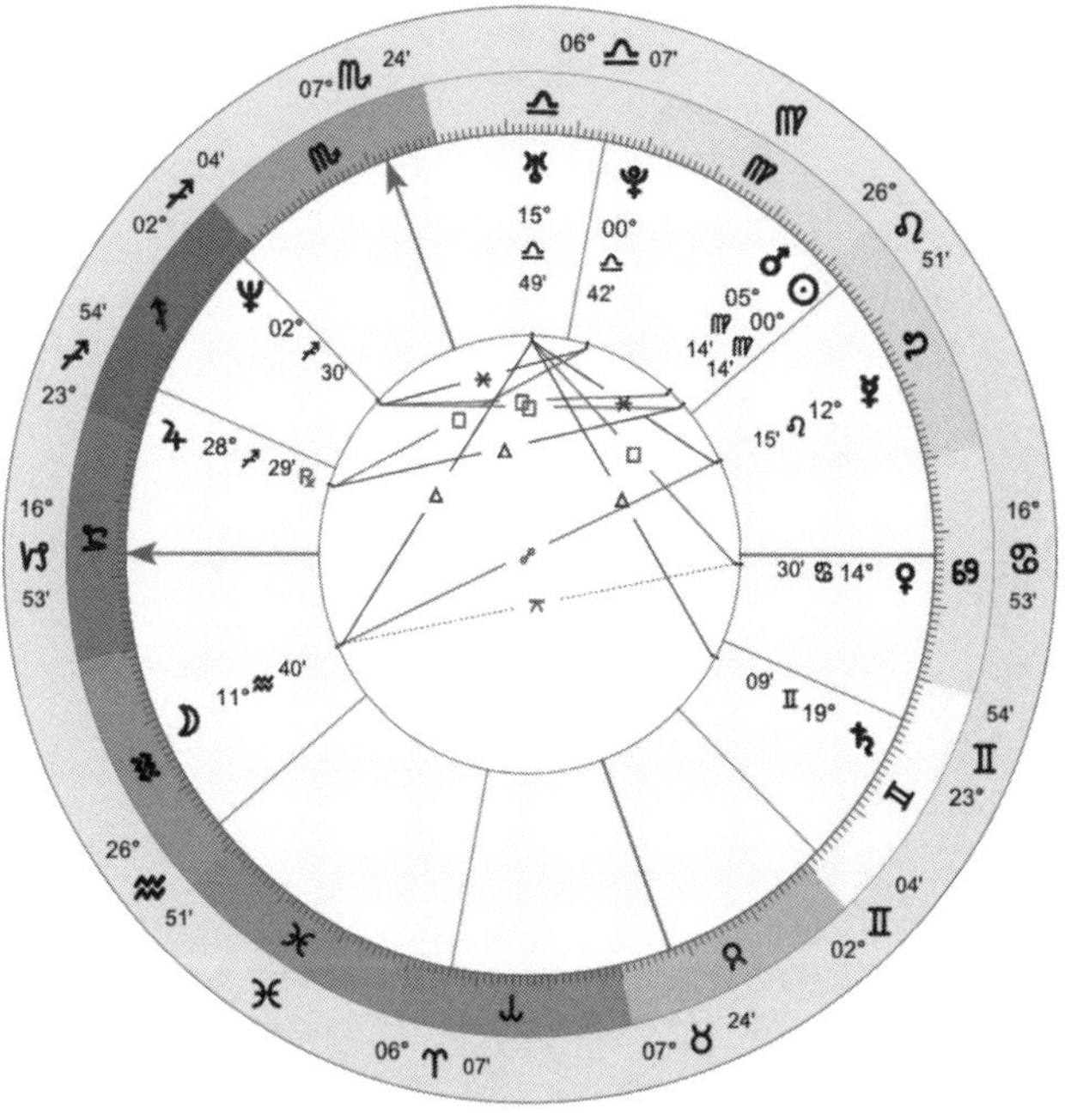

■記入例　　　Aさん

生年月日　1972年8月23日
生まれた時間　16：00
生まれた場所　静岡

「ライフマネー」を知る（第3章）		
チェックするポイント		
2ハウスカスプのサイン （第3章）	水瓶座	
8ハウスに入る天体 （第3章）		
「関係性マネー」を知る（第3章）		
8ハウスカスプのサイン （第3章）	獅子座	
8ハウスに入る天体 （第3章）	・太陽 ・火星 ・海王星	
ブロックの原因（第4章）		
土星の入っているハウス （第4章）	5ハウス（6ハウス）	
土星の星座 （第2章）	双子座	
お金を活かす使い方（第5章）		
2・8ハウスのカスプのルーラー天体があるハウス （第5章）	2ハウスカスプの星座 水瓶座 チェックする天体 ・土星 ・天王星 ・太陽	天体が入っているハウス 5 ハウス 6ハウス 9 ハウス 8 ハウス
お金が入って来る「私スタイル」（第6章）		
2・8ハウスに入る天体がどこのハウスのカスプのサインの支配星か （第6章）	2・8ハウスに入っている天体とそれを支配星とする星座 天体：・太陽 ・火星 ・冥王星 星座：獅子座 牡羊座	その星座がハウスのカスプになっているハウス 8 ハウス 3 ハウス 10 ハウス ハウス ハウス ハウス

Aさんの場合

Aさんの「ライフマネー」は水瓶座に関係していて、客観的な視点から物事をみて、知的な活動によりお金を得、情報を用いてお金の管理を行うようです。「関係性マネー」は獅子座で、わがままな相手に対してもしっかりと自己主張していくことで、より多くのお金を得られるでしょう。さらに太陽、火星、海王星も関連しているため、堂々と振る舞ったり、集中力を発揮したり、時には直感的に受け止めたりしたことを行動に移すことも、プラスに働くでしょう。

ブロックの原因となる土星は5・6ハウス、双子座にあり、自分の主張を言葉で伝え、知的に仕事をすることが大人として重要であると考えるようです。そのため、考えすぎて引っ込み思案になったり、仕事に関する情報を集めすぎて混乱しやすかったりするかもしれません。とりあえず言いたいことをぶつけてみたり、混乱を整理するために小休止も必要……と、息抜きをしたりすることの重要さを意識すると、ブロックも緩和されるでしょう。

お金を活かす使い方としては、相手との関係をよくするための交際費や、仕事のツールなどへの経費を増やすことは大切です。勉強したり、遊んだりすることも、お金の流れをよくしてくれるものとなるはずです。

会社での仕事が評価されてのインセンティブや昇給、配偶者からもお金が入ってきます。職場での活躍や配偶者との関係性を大切にしていってください。言葉使いに気を配り、円滑なコミュニケーションを心掛けることもプラスに働くでしょう。

■2・8ハウスに天体が入っていない場合のサンプル　Bさん

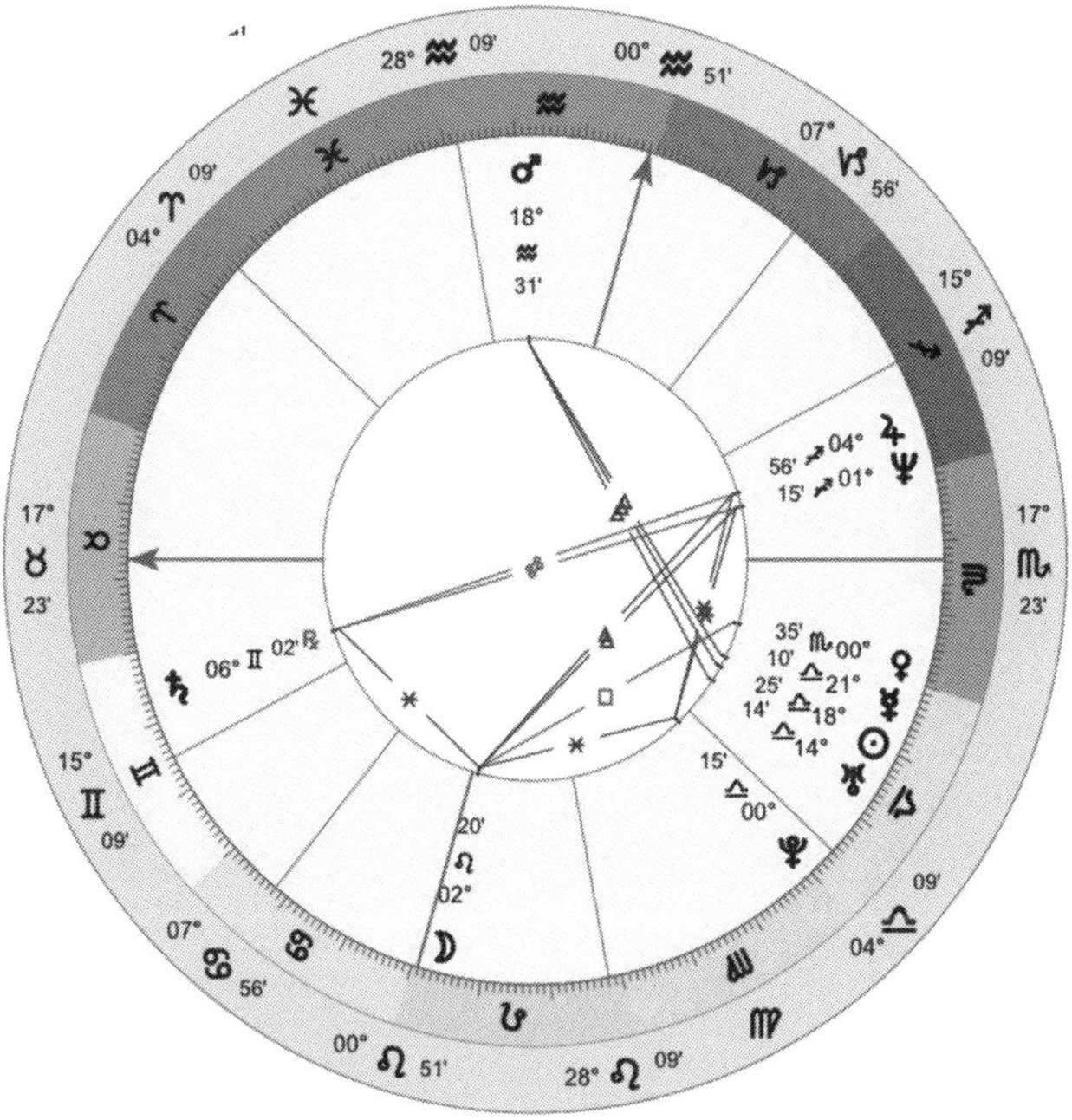

■記入例　　Bさん

生年月日　1971年10月12日
生まれた時間　19：00
生まれた場所　松山市

「ライフマネー」を知る（第３章）		
チェックするポイント		
2ハウスカスプのサイン （第３章）	双子座	
8ハウスに入る天体 （第３章）		
「関係性マネー」を知る（第３章）		
8ハウスカスプのサイン （第３章）	射手座	
8ハウスに入る天体 （第３章）		
ブロックの原因（第４章）		
土星の入っているハウス （第４章）	1ハウス	
土星の星座 （第２章）	双子座	
お金を活かす使い方（第５章）		
2・8ハウスのカスプのルーラー天体があるハウス （第５章）	2ハウスカスプの星座 双子座 チェックする天体 ・水星 ・木星 ・ ・	天体が入っているハウス 6 ハウス 6ハウス 7 ハウス ハウス
お金が入って来る「私スタイル」（第６章）		
2・8ハウスに入る天体がどこのハウスのカスプのサインの支配星か （第６章）	2・8ハウスに入っている天体とそれを支配星とする星座 天体： ・ ・ ・ ・ ・ 星座：	その星座がハウスのカスプになっているハウス ハウス ハウス ハウス ハウス ハウス ハウス

Bさんの場合

「ライフマネー」は双子座に関係していて、さまざまな人と交流し、好奇心のままに歩むことでお金を得て、お金に必要な情報を流動的に活用し、金銭管理する傾向があります。「関係性マネー」は射手座で、多くの人の意志や意欲を尊重して場を盛り上げ、関係の中で学ぶ姿勢を持つことによってお金を得られるでしょう。

ブロックの原因となる土星は1ハウス、双子座にあり、情報や知識をしっかり人に発信できる知的なあり方が大人であるとみなしているようです。そのため、きちんと人に伝えないとならないと考え、知識不足から言いよどむようなことがあると、自分を責めてしまいがちです。とりあえずどんな形でもよいので、人に言葉を投げかけてみてください。相手が意外と受け止めてくれていることが次第にわかり、ブロックも緩んでくるでしょう。

お金を活かす使い方は、仕事で使う道具や仕事環境を充実させることが大切でしょう。さまざまな人と出会うために、交流費にお金をかけ、できた関係性を大切することも重要です。さまざまな出会いに感謝の気持ちを持つよう、心がけてください。

あなたの金運を読み解く

これまで、ホロスコープの金運の読み方について、さまざまな角度から詳しく解説してきました。さらに実際のホロスコープから、「お金の流れを把握するまとめの表」の作り方についてもお伝えしました。

さて、いよいよあなたのホロスコープから、実際にお金の流れ＝金運を読み解いてみましょう。まずは44ページにご紹介しているサイトにアクセスし、生年月日、出生時間、生まれた場所を入れ、ホロスコープを出してください。描かれるホロスコープの細かいデザインは、サイトごとに違っていますが、ハウスとカスプ、星座（サイン）、天体と、みるべき部分はすべて共通しています。

まとめの表に必要事項を書き込んだら該当ページを通して読むことで、あなたの金運を上げる方法がみえてくるはずです。インスピレーションと想像力を働かせ、本書の解説をもとに風の時代を豊かに生きる方法を探しましょう。

お金の流れを把握するまとめの表

<table>
<tr><th colspan="4">「ライフマネー」を知る（第3章）</th></tr>
<tr><td>チェックするポイント</td><td colspan="2"></td><td></td></tr>
<tr><td>2ハウスカスプのサイン
（第3章）</td><td colspan="2"></td><td></td></tr>
<tr><td>8ハウスに入る天体
（第3章）</td><td colspan="2"></td><td></td></tr>
<tr><th colspan="4">「関係性マネー」を知る（第3章）</th></tr>
<tr><td>8ハウスカスプのサイン
（第3章）</td><td colspan="2"></td><td></td></tr>
<tr><td>8ハウスに入る天体
（第3章）</td><td colspan="2"></td><td></td></tr>
<tr><th colspan="4">ブロックの原因（第4章）</th></tr>
<tr><td>土星の入っているハウス
（第4章）</td><td colspan="2"></td><td></td></tr>
<tr><td>土星の星座
（第2章）</td><td colspan="2"></td><td></td></tr>
<tr><th colspan="4">お金を活かす使い方（第5章）</th></tr>
<tr><td>2・8ハウスのカスプのルーラー天体があるハウス
（第5章）</td><td colspan="2">2ハウスカスプの星座
座
チェックする天体
・
・
・
・</td><td>天体が入っているハウス
ハウス
ハウス
ハウス</td></tr>
<tr><th colspan="4">お金が入って来る「私スタイル」（第6章）</th></tr>
<tr><td rowspan="2">2・8ハウスに入る天体がどこのハウスのカスプのサインの支配星か
（第6章）</td><td colspan="2">2・8ハウスに入っている
天体とそれを支配星とする星座</td><td>その星座がハウスの
カスプになっているハウス</td></tr>
<tr><td>天体
・
・
・
・
・</td><td>星座</td><td>ハウス
ハウス
ハウス
ハウス
ハウス
ハウス</td></tr>
</table>

おわりに 「自分らしい幸せの形とお金の流れ」

西洋占星術ではお金に関して、投資や株価などと絡めて研究される分野として確立されています。その一方で、セッションなどで聞かれる金運的なことは、今一つふんわりとした読み方にとどまっているかもしれません。

しかし、実際のところ、金運に関しては結構需要が多いのです。そして十数年くらい前からになりますが、実際に自分なりに研究し始めてみると、これほど意義があるものになるとは思わず、さらに関心も強くなっていきました。

お金については、生きていくうえで必須の要素であり、だからこそ多くの人にとって興味のある事柄です。そうした意味では、本書は、西洋占星術におけるお金に関する事柄を深掘りした、なかなか価値のある一冊となったかと思われます。

本書の執筆に伴い、さらに深く考えていく中で、お金にまつわる事柄は、実際には健やかに生きるということや愛に満ちて生きるということであり、そして自分らしい幸せの形

自分らしい幸せの形とお金の流れ

を追求して満たされるということが人生の本質であることが実感されました。お金はそれらに付随した形で働き、さらには世の中をめぐるエネルギーであるということも理解していきました。

私自身も、お金に関する考え方が何段階も上がったように思われます。世の中を巡る流れとして意識することも大切でしょう。

お金のことを丁寧に考えることは、幸せについて考えることと同義です。そしてこの本で皆さん自身も、まわりの方々への愛と感謝の気持ちを胸に、ご自身の幸せについて考え、それに関連してどんなお金の流れを持っているかを確認していただけますと幸いです。本書を参考に、よりよく生きてくださることを心より願っております。

最後に、いつも刺激をくださる占星術仲間の皆さん、生徒の皆さんに深く感謝いたします。そして本書の編集を担当し、時には強く、時には優しくサポートしてくださったBABジャパンの福元美月様に心よりの感謝を伝え、本書の結びとさせていただきます。

2024年11月　冥王星が水瓶座に移動した日に

登石麻恭子

登石麻恭子（といし　あきこ）

西洋占星術研究家。英国ＩＦＡ認定アロマセラピスト。日本アロマ環境協会認定アロマテラピーインストラクター。フラワーエッセンス研究家。

早稲田大学教育学部理学科生物学専修卒。大学時代に両生類の嗅覚を研究したこと、体調不良時に精油の効用を実感したことからアロマテラピーに興味を持ち、1996年グリーンフラスコアロマテラピースクールにて、アロマテラピーを学ぶ。その一方で、西洋占星術を独学で学んだのち、1998年松村潔氏に師事。1999年ごろからプロフェッショナルの西洋占星術師として活動。ボディ・マインド・スピリッツを統合するホリスティックなツールとして西洋占星術をとらえ、フラワーエッセンスやアロマテラピー、ハーブといった植物療法や パワーストーンなどをフューチャリングしたセラピューティックアストロロジーを実践。都内にてセッション、および西洋占星術、西洋占星術と植物療法、パワーストーンなどの講座を開催中。著書に、『星のアロマセラピー』『星が導く花療法』（いずれも小社刊）、『スピリチュアルアロマテラピー事典』『366日の誕生日パワーストーン事典』（いずれも共著。河出書房新社）、『魔女のアロマテラピー』（INFAS パブリケーションズ）。他

※本誌でホロスコープ作成に使用したアプリケーション
Astro Gold

星が教える「金運の扉を全開にする」方法！

お金の占星術

2025年1月13日　初版第1刷発行

著　者　　登石麻恭子
発行者　　東口敏郎
発行所　　株式会社BABジャパン
〒151-0073 東京都渋谷区笹塚1-30-11　4・5F
TEL　03-3469-0135　　FAX　03-3469-0162
URL　http://www.bab.co.jp/
E-mail　shop@bab.co.jp
郵便振替　00140-7-116767
印刷・製本　中央精版印刷株式会社
Design　　石井香里

ISBN978-4-8142-0662-9　C2077

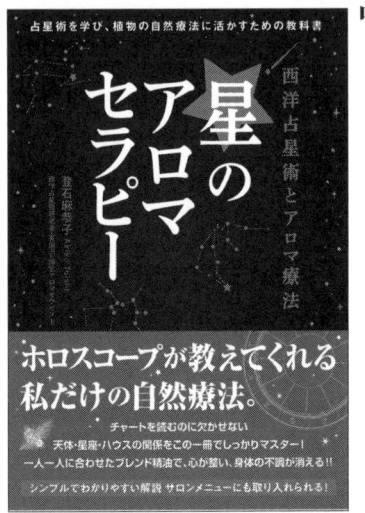

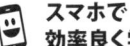

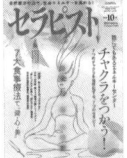

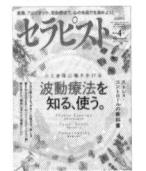

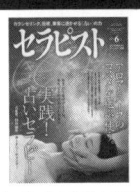

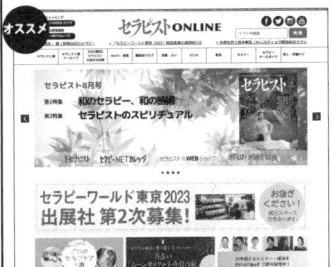